바람이 될지니

바람이 될지니

김영진 시집

신아출판사

서시

바람이 될지니

이승에서
제구실
제대로
못했다 생각하니

다음 생에서
느티나무 아래
그늘 되거나
지나는 바람 될지니

차례

서시 5

제1부 길은 외로움이다

글 캐는 광부 12
낡아 간다는 것 14
구이 저수지에서 16
길은 외로움이다 18
격포항 20
평사리에서 22
빈 지게 24
7부능선 지나며 26
직지直指 앞에서 28
시 쓰기 30
하얼빈 역에서 32
통영에서 34
상수리 꿀밤 36
휴전선에서 38
내장산에서 40
방황 41
양파 42
고무풍선 44
고산 휴양림에서 46
순명順命 48

제2부 별들이 눈물 흘린다

별들이 눈물 흘린다 52
중산간에서 54
성당 포구 56
새 봄 58
바람 60
강천산에서 62
낙엽이 지고 있다 64
봄날의 합창 66
온 세상이 67
홍시 68
채송화 70
회화나무 72
아카시아 꽃 74
찔레꽃 75
하루쯤 76
목련 78
사소한 것이 79
12월 단풍 80
조팝꽃 82
앵두 84

제3부 어머니 나라

비린 추억　86
대아리 수목원에서　88
아버지의 강　90
눈망울 속 어머니　92
옹이　94
명이　96
넘볼 수 없는 산　98
아버지 물수레　100
아버지 가시는 날에　102
어머니 나라　104
콩나물 기르며　106
어머니가 오신다면　108
좌판에 누워　110
비빔밥　112
순대국밥　114
꼬막　116
홀치기　118
미나리　120
씀바귀　122
황태　124

제4부 하늘가는 길

백제의 미소 128
신 정읍사 130
하늘가는 길 132
갠지스강에서 134
강갑이 136
조장鳥葬 138
아기 똥별 140
룽다 앞에서 142
숨결이 바람 되기까지 144
호스피스병동에서 146
신발의 하루 148
미당전설未堂傳說 150
바닷가에서 152
비화飛火 154
하늘이 사라져간다 156
드라이플라워 158
백일장에서 160
가는 날 162
가는 곳이 어디인지 164
양심 166

제5부 바퀴는 굴러간다

바퀴는 굴러간다 168
산 170
오로라 172
시베리아 호랑이 174
히말라야 176
안나푸르나 178
오체투지 180
번지점프 182
불일폭포에서 184
천년송千年松 186
담쟁이 188
밤꽃 190
연리지連理枝 192
독일마을에서 194
바보 예수 196
서포 김만중 198
황소 200
똥이 달다 202
반성문 204
생각해 볼 일 206

해설 겸허한 성찰과 순명順命의 미학 210
— 복효근(시인)

제1부

길은 외로움이다

글 캐는 광부

목숨 부지하기 위해 어두운 막장에서
두더지는 생명을 캔다
파내고 뒤집고 밀어내고 헤집어
한 몸 이루고 새끼들을 건사한다
심장 뛰게 하기 위해선 멈출 수 없다
깊이 숨어 기다리고 있을 광맥 찾아
제 몸 부수는 지난한 작업이 가상嘉尙하다
사는 것은 그냥 사는 것이 아니다
하루 한 날 영위하기 위해 몸부림치며
감아버린 눈으로 제 목숨 이어가고
어두운 지하문명을 꿈꾸는 두더지
글 익혀 글맥脈 찾아 나선 지 수 세월
시편이 구름조각으로 날아다니고
옷깃과 머리 스쳐도 붙잡을 수 없었다
하늘에 거미줄 촘촘히 쳐놓고 기다려도
이따금 신기루 나타났다 사라져간 오로라
시의 영감靈感으로 찬 이마 핏방울로
한 번쯤 떨어뜨릴 수 있으련만

그마저 단비는 오지 않았다
메마른 심장에 물길 대고
가난한 영혼 추스르기 위해 채탄부 된다
발톱이 길어지고 주둥이가 뾰족해진다
안테나 없이 감각의 작업이 고단하지만
어두운 막장에서 시커먼 보석 캐는
희미한 눈빛으로 다시 촉수를 올려본다

낡아 간다는 것

날근날근 헤진 청바지
작은 구멍 눈 뜨고 세상 바라본다
시간은 언제나 그 자리인데
하루해가 한 뼘씩 서둘러 넘어간다
꽃 피는 꽃철 꽃바람 타고
소나기 내리는 장마철에 우산 되고
함박눈 내리는 겨울엔 나무로 선다
열사熱砂의 사막에서도
잘 달리던 차가 삐걱거리기 시작한다
숨소리가 거칠어지고 헐떡이더니
바람 등지고 바람 거슬러
저물어가는 석양을 바라본다
혼미해져 겨운 하루가
나사 풀리듯 느슨해지고 헐거워진다
썰물 나간 자리 밀물이 들어오고
그리운 것들은 그리움으로 남아
여기저기 갈매기 되어 하늘을 난다
소리 없이, 흔적 없이 낡아가는 것

받아들이고 맞이해야 할 일이다
젊은 태양이 노을로 저물어 가고
소리 없이 바다 속으로 잠기어 가듯
날근날근 빛바랜 청바지
찬찬히 얇아지고 낡아간다

구이 저수지에서

구이 저수지 뚝방길 걷으며
잔잔한 물 보다가 하늘 올려 본다
경각산 산모퉁이 나는 새*를 바라보며
하늘에서 내려 보는 눈으로 저수지 본다
둥글게 둥글게 이어져간 길 돌아
높고 낮은 언덕을 오른다
이내 숨이 가쁘고 발걸음이 무거워진다
몇 번 뒤돌아보고 앞을 내다보다가
산기슭에 주저앉아 물을 내려다본다
저무는 햇살에 온통 은빛 세상
물은 저물어가는 산 그림자 안고
가쁜 호흡 고르며 호수에 잠긴다
한가로이 떠 있는 청둥오리들이 자유롭다
맨몸으로 숨 가삐 살아온 날들
시간들이 오리발 사이로 빠져나간다
시작이 있으면 끝이 있는데
끝없이 달려온 시간의 언어들이
은빛 태양에 녹아 부서져 내리고 있다

모두 떠나고 홀로 남아
남은 것은 내 몫이라 위안을 삼는다
제자리 머물러 빛을 내는 물살과 같이
낙엽 진 참나무, 소나무 가지사이로
햇살은 어서 오라 재촉하지만
발걸음은 더디고 더뎌 지각을 한다
경각산 산마루 휘도는 한 마리 새*
하늘길은 멀고멀어 다가갈 수 없고
애잔한 눈빛으로 올려볼 수밖에

*새 : 페어글라이딩 하는 동호인들의 비행체

길은 외로움이다
― 제주 올레길 가며

노란 귤 벗겨 한 입 베어 물면
제주도가 통째로 들어온다
날이 맑아지고 시야가 훤해진다
그리 무덥던 8월에 올레길 가는데
울타리 안에서 남녘 태양으로
푸르다 못해 노릿노릿 익어가는 귤
갑갑한 듯 굴러와 저와 길 가잔다
성산 일출봉 짭조름한 바람결로
닫힌 가슴 빗장 열어 맑히고
바닷가 문주란 향기에 한껏 취한 뒤
해녀들의 휘파람 숨소리에 깨어나
곶자왈 외진 숲에서 길 잃는다
파란 노란 화살표가 어깨를 툭툭 친다
가난과 고독의 사내 김영갑* 만나고
아고라와 발가락군이 살았던 마당에서*
그리움이 밀려오는 섶섬 내다본다
주먹으로 뜨거워지는 눈시울 훔치고
외로운 이들이 찾는 외돌개에 서서

외롭다 생각하니 저도 외롭다 한다
배낭에 외로움 꾸깃꾸깃 담아
한 톨의 귤이 외로이 가고 있다
송악산 지나 대정리에서 추사* 만나고
가파도, 마라도 지나는데
거센 파도가 저도 외롭다 한다

* 중산간, 남제주군 삼달리에서 루게릭병과 싸우다 간 사진작가 (1957 ~ 2005)
  * 나희덕의 시 '섶섬이 보이는 방'에서
     아고라 : 이중섭(1916 ~ 1956), 발가락군 : 아내 이남덕, 야마모토 마사코(1921 ~ 2022)
  * 추사 : 김정희(1786~1856), 추사체 창안

격포항

황금빛 노을 거슬러
황소 하품으로 항구는 열린다
물결 따라 배는 잰 걸음으로 다가오고
비린 사람들의 발걸음으로
마른 생선의 눈빛으로 채워지는 포구
바다가 가슴 열고 길을 내어준다
우리는 늘상 만선을 꿈꾸지만
꿈은 뱃전에서 하얗게 부서지고
가난이 따개비로 덕지덕지 붙어 있다
이른 새벽 부웅 부웅
전장 나가듯 기치 올리는 뱃고동소리
출발은 그렇듯 힘찬 발걸음이지만
돌아오는 것은 산산이 부서진 물거품
촘촘히 엮은 그물 올리고 내리는 사이
끌어올린 시름, 걱정 산만큼이나
젊음이 가고 해는 저물어 갔다
하루치 고단함을 갈라놓기라도 하듯
방파제 우뚝 선 등대 사이에 두고

가벼운 몸짓으로 배는 들어온다
희뿌연 저녁 안개 지핀 포구마을에
간간이 웃음소리가 새어 나온다

평사리에서

다사로운 봄 햇살이 그리울 때
겨우내 부린 몸 추스려 남녘을 찾는다
섬진강 은빛 물길 따라 구례 지나
매화 벚꽃 꽃비 내리는 하동길에 이른다
악양 산자락 들녘에 접어들면
버들잎에 물 한 모금 축이고 가세요
흰 옷자락 나풀나풀 서희가 있다
최참판댁 마당가 돌담에서 한 숨 돌리면
눈 아래 펼쳐지는 들판이 고즈넉하다
일제가 몽당비로 쓸고 간 자리
광복과 함께 빨치산들이 득실대고
가난과 핍박이 전부였을 마른 땅에
봄 햇살이 찾아오고 안식安息이 있다
웃음과 눈물이 범벅되어 흐르던
십리 남짓 드므* 벌판에도
연무煙霧가 일고 농무農舞가 벌어진다
어허라!
길상이가 허리춤 바짝 추겨 세우고

빙빙 도는 마당극 춤판
얼어붙은 천지에 신명神明이 돌고
봄은 그렇게 성큼 다가오고 있다

* 드므 : 넓적하게 생긴 독

빈 지게

헛간 귀퉁이에 홀로 기대어 있다
아직 두 발에 힘을 꼿꼿이 주고 있지만
지나는 세월에 어찌할 수 없다는 듯
종적 없이 그늘 속에서 낡아간다
한때 크고 작은 삶 가리지 않고
허리 부러지게 쌓아 올린 등짐 지고
탓하지 않고 몸으로 감내하였던 지게
'끙' 하고 등짝 한 번 대면
종아리 핏발이 서고 땀방울 빗물 되어도
지게는 등으로 올라서고 몸은 내려앉았다
가난, 허기, 소꼴, 식구, 외로움 지고
뙤약볕과 때로는 장대비 빗줄기 속에서
언덕 너머 선 너머 집으로 내달렸다
무거워도 벗어버리지 못하고
오직 버티고 지고 가야 하는 무게
지겟다리와 등받이에 덧대어 견뎠는데
버거운 짐 어디 두고 누구에게 맡기고
아무 일 없다는 듯 남보란 듯

헛간 귀퉁이에서 편히 쉬고 있는가
창고에 세워진 빈 지게
싸리 바작 끼우고 꼬작 꽂은 뒤
낡아 헤어진 멜빵에 단단히 힘을 준다
두 다리에 다시 두 다리 지고
심호흡하며 다시 바람 길 나선다

7부능선 지나며

살가운 능선稜線 가벼이 오르다가
버겁고 힘들고 숨 가쁠 때 있다
되돌아보면 바람이고 구름이던 것을
삭이지 못하고 터덜대고 주저앉는다
정상 향해 우직하게 오르다가도
숲길에 들어서면 길은 희미해지고
새소리 바람소리 물소리 산그늘에 묻혀
내가 오르는 건지 산이 올라가는 것인지
가물가물 아득히 혼미해질 때쯤
하늘에서 구원의 종소리 들려온다
휘~ 한 숨 돌리고 먼 산 둘러본다
발아래 깃발 단단히 꽂아야 된다고
오래 간직한 옥합玉盒 깨뜨려야 한다고
몸 가누며 가파른 능선 다시 오른다
배낭 들쳐 매고 무겁게 내딛는 길
걸어온 흔적마저 하나씩 지워가며
자벌레 몸짓으로 더듬어가는 오체투지
손과 발이 닳아 바위로 굴러간대도

몸뚱이 산화散華되어 저녁노을 된대도
애간장 녹아내린 시냇물로 흐를지라도
머리 들어 하늘 보고 간절히 기도한다
정상頂上에 내가 오르는 것이 아니고
등 내주어 업혀 오르는 것이라고
철들어서야 지나는 구름 바라보니
아래 어디쯤 정상이 보이는 듯하다

직지直指 앞에서

서양의 구텐베르크보다 78년 앞선
세계최초 금속활자 직지直指를 만났다
물방울이 모여 내(川)가 되고 강물 되듯
조상들의 정신이 피와 얼이 되어
살아있음에 새삼스레 놀라울 뿐이었다
수많은 성상星霜이 면면히 흐르는데
직지의 혼과 정신이 오늘 사는
시인의 피 속에 흐르고 있을까
작은 알갱이로나마 남아 있을까
올곧은 얼이 문사文士들에 이어
시가 되고, 글이 되고 정신이 된다
직지直指가 남긴 한 방울의 피로
깎아내고, 파내고, 다듬어 무쇠 녹이고
용광로 쇳물 부어 만들어진 활자活字
손과 지문이 닳아 기억조차 할 수 없는
생각들이 언어로, 파편들이 문자로
소는 밭을 얼마나 갈아야 했을까
무심천 바윗돌이

얼마만큼 닳아야 조약돌 될까
논 갈고 밭 갈아 밥 먹으면 되지
손가락 꺾여 닳기까지 뚫고 파내는
고된 작업으로 이어가게 하였을까
지금 살아 꿈꾸고 있는 활자 앞에서
시인은 갈 길을 잃고 서성이며
지난至難한 문답을 하고 있다

시 쓰기

누군가 가만히 다가와 말해 주었지
주먹 차돌멩이 마당가에 심어놓고
1년, 7년, 10년 그렇게 잊어버리고
물 주듯 조석으로 쌀뜨물 부어 주면
돌멩이 눈을 뜨고 보석이 된다 하여
50여 성상星霜 온갖 정성 기울였다
돌아보니 그래도 꽝은 아니었는지
달무리 지듯 빛이 나기 시작했다
비바람 불고, 천둥 치는 날
돌멩이에 싹이 터 시詩가 자라난다

누군가는 하루 일곱 번씩
일흔 번이나 용서하라 하였는데
아직도 찌든 때 벗겨지지 않았다
정좌하였다 되돌아 앉기 여러 번
동굴에서 세월 먹고 자란 종유석 따다
거꾸로 잡고 한 글자씩 써내려갔다
바위에 새기듯 써내려온 시詩를

밥상 위 밥과 국그릇 사이에 놓고
위로와 위안이 되도록 기도했다
허접스런 시편들이 쌓여가고 있다

하얼빈 역에서
– 안중근 의사

묵은 해가 바뀌어도 그때 그 자리
시월의 아홉시 반 바람결이 차갑다
기차가 들어오고 여섯 발의 총성
이어 '꼬레아 우랴' '꼬레아 우랴'
대한독립만세의 우렁찬 외침에
역사驛舍와 동양東洋이 정적에 휩싸였다
삼천리강산 짓밟던 늙은 늑대*는
피 끓는 젊은이 울분鬱憤에
돌이킬 수 없는 역사 심판을 받았다
촘촘한 감시망에도 굽히지 않고
의연毅然히 거사擧事 이루고
당당히 '동양 평화론'을 펼친 기개
아들에게는 어머니가 계셨다
구걸하지 말고 떳떳이 가라 하신 말씀
님이 남기신 발자국 아직 선명한데
오늘 사는 이들에게 사표師表가 된다
혼탁한 세상에 길잡이 되어
한 뜻 세워 바르게 펼치고자 했던 기상

그 높고 숭고崇高한 정신
간절히 고국에 묻히고 싶다 하셨는데
도대체 지금 어디에 계신지
맵고 차가운 바람만이 옷깃을 세운다

* 일본 이토 히로부미

통영에서

미역오리* 비가 내린다는 주말
남쪽 끄트머리 바닷가 예향 통영을 찾았다
화사한 벚꽃 저물어가고 코발트빛 바다가
성치 못한 노구老軀를 반기는 듯 출렁거렸다
줄줄이 엮인 꿰미로 앞서고 뒤서고
'파도야 어쩌란 말이냐' 청마靑馬 만나고
'이름 불러주어 꽃이 된' 김춘수 만나고
서피랑99계단에서 '김약국 딸' 박경리와
무엇보다 오구작작* 물 긷는 난蘭을
애절히 그리다 간 백석白石을 만났다
충렬사 돌계단에 앉아 통영에 잠긴다
해풍 밀려오는 바닷가 그리움과 파도
싫지 않은 물비린내 조가비 냄새
가슴으로 꾹꾹 눌러쓴 연서戀書에
역사의 파도에 쓸려가 버린 시간들
헛간에 부스러기라도 담아 두고자
골목 언덕길을 올망졸망 따라 나섰다
임들이 살아 따뜻한 손길로 맞아주지만

내 어리석어 그 손 붙잡을 수 없다
남쪽바다 번득이는 은갈치 건지러 갔다가
동백이 지고 벚꽃마저 사라지는 봄날
칭구 반다찌*에 들러 소맥燒麥을 마신다
뱃속을 허하게 비워두어야 하는데
바다 것들로 만선滿船 이루었으니
채워야 할 영감靈感 모다 사라지고
헛된 것들로 채워 부대끼는 주말

* 미역오리 : 미역줄기
* 오구작작 : 여럿이 한 곳에 모여 떠드는 수런스런 모양
* 칭구 반다찌 : 소주 맥주에 해산물이 안주로 올라오는 음식점

상수리 꿀밤

전라도 나주성 영산강 언덕 양지 녘
기녀 황진이를 찾아가
'자느냐, 누웠느냐'고 노래한 백호
임제 사당에 넙죽 문안인사를 드렸다
주인은 오간데 없고 철늦은 꽃무릇에
느티나무, 팽나무, 상수리나무 깊은 그늘이
가을 뙤약볕 손바닥으로 가리며 쉬어 가란다
사당 토방에 주저앉아 주절주절
진이가 그리 좋았냐고, 그리 미인이었냐고
그리도 고상하고 품위 있는 여인이었냐고
그 일로 파직 당한 소회가 어땠느냐
임제 선생에게 물으니
서늘한 바람이 지나는가 싶더니
후두둑 후두둑 꿀밤을 준다
상수리 몇 알 떨어지면서 정수리 때린다
어르신 놀려먹은 답이 꿀밤으로 돌아온다
임이 가고 없는 빈자리에 사당이 있고
선비 기백으로 자란 나무들이 서 있다

도대체 몇 대 손쯤의 상수리나무인가
톡톡 영근 상수리 서너 알 주워 와
책상 위에 올려놓고
요리 보고 조리 보고 고놈 참!
오늘 따라 황진이가 그리도 보고 싶다

휴전선에서

철원 평화전망대에 올라 심호흡 하고
하늘 올려다보고 땅을 내려다본다
건너 건너에 안개 낀 산들이 어깨동무하고
무심한 물은 일 없다는 듯 저수지로 모여든다
초소엔 병사들마저 보이지 않고
철책선 뒤로 나무들만이 마을 이루어
멧돼지, 사향노루, 산양, 삵이 살아간다
그 곳에도 밥은 제 때 먹고 사는지
모여 반상회라도 한번씩 하고 있는지
 - 남방한계선 - 군사분계선 - 북방한계선 -
들판을 가로지르는 두루미만이
평화를 알고 있다는 듯 거억거억 날아간다
넘나들 수 없는 비무장지대 DMZ
한 눈에 들여다보이는 좌판 위에 금 그어놓고
어언 70년, 눈을 감고, 잊어버리자고
송두리째 파내어버리자고 몸부림쳐도
동숭저수지에는 가슴 짜낸 피눈물이 고인다
이제 인간의 옷 벗고 벌거벗은 몸으로

고니, 청둥오리, 기러기로 살자꾸나
독수리까지 넘나드는 철새가 되자꾸나
총소리 잠시 멈춘 평화의 길목에서
조반은 드셨나요? 인사 나누며 살자꾸나
그래, 오랜만이네, 얼싸안고 부둥켜안고
그리 살아도 이제 금 간 세월인데
켜켜이 쌓인 분노, 그리움, 한 풀지 못하고
두고 오자니, 발이 떨어지지 않는다

내장산에서

내장산 비자림숲 원적암
금불상 기웃거리다
단풍마실 나가는 부처를 보았다
둥그런 바랑에 무엇이 들었는지
한 짐 지고 바람같이 자취를 감춘다
놓칠 세라 뒤따라
불출봉 향해 발걸음 재촉하는데
하늘에서 쏟아져 내리는 죽비竹篦
이리 피하고 저리 피하고
나무 사이로 몸을 날려도
정수리로 무수히 꽂히는 죽비
맑은 정각正覺으로
눈 들어 먼 산 바라보니
이미 고내장故內藏에 불이 붙어
신선봉이 벌겋게 타오르고 있다
내장內藏이 불타고 있다

방황

한때
해 뜨고 해 지는 일이
무엔가 궁금하여
문 밖을 나서 기웃거렸습니다
풀리지 아니하여
책장을 뒤적거렸습니다

산 너머에는
무엇이 기다릴까
떠가는 구름 따라
종이비행기에 몸을 실었습니다.
그러다가 그러다가
떠돌이 나그네가 되었습니다

양파

발가숭이로 서기 위한 몸부림
털어내고 닦아내고 씻는다
머리 잘린 몸 한 꺼풀씩 벗겨낸다
엷은 비닐막 조심조심 벗겨내고
도톰한 속살 하나하나 벗겨낸다
발가벗겨 수줍은 보드라운 속살
그 안에 무엇이 있을까
벗기고 까내면 진실이란 게 보일까
그 안에 뭐가 있기나 한 것일까
가만가만 쓸어잡고 작업 시작한다
한 켜 한 켜 겉껍질 이루어
단단히 포장이 된 신전 기둥뿌리
두근거리는 가슴으로 조심스럽게
이리저리 궁굴리며 벗긴다
작은 씨눈 보이는 듯 사라지고
아무것도 없다, 알맹이가 없다
신전 안에 보물이 없다
겉껍질 속에 속껍질이 있고

속껍질 속에 안껍질이 있고
안껍질 속에 속살을 감싼 보자기
벗기고 벗기는 수행이 뒤따르고
아무것도 없는 텅 빈 허기虛飢
그 안에 내가 있다

고무풍선

어릴 적 바람에 날린 수많은 풍선들
빨강 노랑 파랑 하양이 하늘 떠돌더니
소나기 한둘금 내린 뒤 무지개로 뜬다
침 발라 볼이 터져라 불어 넣은
날숨이 둥그런 풍선이 되었다
아픔과 절망을 꿈의 소망으로 담아
터질 듯 한껏 부풀어 올린 고무풍선
벌겋게 달아오른 얼굴에 똥그란 눈
가프게 가프게 몰아쉰 숨들을
하얀 실에 매달아 언덕을 달리면
둥 둥 둥 하늘가를 떠가는 것이었다
손에 붙들려 부풀린 숨결들이
한 줌 바람이 되어 날아갔다
유년의 언덕에서 꿈꾸던 풍선들이
어디쯤 흔들리며 날아가고 있을까
고운 숨결이 메마른 바람 되어
날아가기까지는 많은 아픔이 뒤따랐다
날린 풍선들이 몇 개나 살아 있을까

바람 부는 언덕에 올라
하나 둘 풍선을 헤아리고 있다

고산 휴양림에서

가을 끝자락인 주말 오후 길을 나선다
고즈넉하고 한적하여 구름마저 쉬어 간다는
고산 휴양림 찾아 발걸음 재촉한다
위뜸 저수지 오르는 길에
곱게 차려입은 여인네들이 반가이 맞아준다
때를 놓쳐 모다* 떠난 줄 알았는데
기다리는 님이 아직 남아 있다는 듯
산등성이 슬그머니 넘어가는 햇살
치맛자락 살짝 들고 미소 짓는다
노랑으로, 다홍으로, 주황으로, 빨강으로
영혼의 색깔로 물들이고 있다
그 곳은 얼마나 고울까
그 고운 잎들은 어디에서 왔을까
낙엽이 만사輓詞 휘장揮帳으로 날려
이 육신 낙엽 되어 썩어져갈 때
한 줌 흙으로, 물로 나뉘어질 때
천 길 지하수 더듬어 고인 맑은 물이
봄날 고로쇠 약수로 뽑혀 올려지거나

가을날 단풍으로 성장盛裝한
여인네들의 고운 치맛자락 된다
밤이슬 머금고 곱게 물들이는 시간
어두워져가는 산자락에 등불 단다
찬서리로 몸을 씻고 단장하는 시간

* 모다 : 모두 다

순명順命

높은 곳으로부터 호명되기를
무작위로 차례 기다리는 사람들
낡아가는 병동 창틈으로 흐린 하늘 보며
기다리고 또 기다리는 이들이 있다
그리도 먹고 싶고
그리도 보고 싶고 하고 싶은 말들을
멀찌감치 밀쳐두고 눈으로 그린다
거푸집마저 사르기 위한 마지막 모습
거죽에 남아 있는 한 점 살과
서서히 식어가는 핏방울
비우고 태우며 어두운 길 가고 있다
한스럽다, 원망스럽다 한번쯤
하늘에 맨주먹이라도 날릴 법한데
뭐가 그리도 급합니까
하필 나입니까
하늘 구겨 항명抗命할 법도 한데
나약하거나 비열하게 물러서지 아니하고
대열에서 이탈하지 아니하고

당당히 제자리 지켜내는 순하고 여린 눈
흙에서 나와 흙으로 돌아가는
순종의 거룩하고 숭고한 사람들

제2부

별들이 눈물 흘린다

별들이 눈물 흘린다
  - 튀르키에 지진에 붙여

집들이 무너져 내리고 있다
삶이 깨져 먼지가 허옇게 날린다
가난한 언덕에서 지축이 흔들리고
이념에 사로잡힌 자들의 분노가
어린 생명 무참히 앗아가고 있다
흙더미 속에서, 시멘트더미에서
찌그러진 꽃 한 송이 부둥켜안고
울부짖는 아버지, 하늘이시여!
치마폭 뒤집어쓰고
물 한 모금, 빵 한 조각에 두 손 모은
처절한 절규, 아낙의 슬픔이여!
길가 코스모스조차 보이지 않고
어린아이 웃음소리가 멈춘 땅
살아있는 자들의 이기심과 욕망이
천길 땅속 용암을 화나게 만들어
하늘에서 불똥이 쏟아져 내리고
땅이 춤추는가 싶더니
일상이 무너져내리고 말았다

지붕 아래 한 숟갈의 평화가 그리운데
집은 하늘로 날아가 버리고
아이들의 울음소리 군화 발자국 소리
살아남은 자들을 비웃고 있다
내일은 어느 집에서 기숙해야 하는지
별들이 눈물 흘리고 있다

중산간에서*

바다가 내려다보이는 한라산 언덕
안개, 바람, 구름이 전부인 중산간 지대
칼날 세워 억새로 살다간 사람
이슬 받아 라면에 밥 말아 먹고
굶을지언정 달랑 카메라 둘러매면
바람같이 들짐승으로 내달리던 사람
그것도 제대로 5년쯤일까
빛, 바람, 안개, 한기로 이루어진 산야를
매서운 독수리눈으로 바라보면서
중산간 누비던 한 마리 외로운 짐승
초원의 가느다란 빛과 새들의 지저귐
실바람 향기와 저물어 가는 어둠까지
간직하기를 소망했던 자유인 김영갑*
찰나刹那의 순간 찾아 영원永遠 다독인
기나긴 고독수행, 저미는 외로움과 고독
마디마디 육신 문드러지게 하여
불치의 루게릭*이 찾아왔다
그릴 수 없는 피사체를 영상影像으로

보이지 않고, 들리지 않는 소리에 미쳐
짐승으로 낮 밤 가리지 않았던 사내
영상 속의 비의秘意와 신비神祕가
영혼의 눈꽃처럼 피어나고 있다
오늘 안개 자욱한 중산간 어디쯤
나직한 목소리 고요한 몸짓으로 서성일
누운 채 이어도*를 꿈꾸고 있다

* 제주도 서귀포시 성산읍 삼달리 4378-5, 김영갑 사진갤러리 '두모악'이 있음
 * 김영갑(195~2005) : 제주의 바람, 돌, 억새, 나무, 자연, 제주의 삶을 소재로 20년간 사진을 찍음
 * 루게릭 : 근 위축성 측색 경화증,
 * 이어도 : 일명 파랑도, 제주도 서남쪽에 있는 수중초,

성당 포구

고향 성당 포구에 가면
찰랑 밀물이 들어와
살구꽃 피고 배꽃이 피어
꽃잎으로 복어가 배부르고
은빛 웅어가 뛰고 누런 황복이 뛰어
어와, 만선으로 흥청망청
포구가 사뭇 흔들릴 때가 있었는데
그런 시절이 있었는데
철렁 썰물이 잦아들어
손가락 사이 머리카락 빠지듯
이가 빠지고 하나 둘 보따리를 싸더니
허리 구부러진 동구나무 고개 마을
마을 어귀에 솟대만이 외로이 솟아
오가는 바람에 이리저리 나부끼네
찬바람만이 휘휘 돌고
신발 끄는 소리 멈춘 포구에
일찍이 아기 울음소리 끊긴 고샅 포구에
화사한 살구꽃은 다시 피려나

배梨꽃이 피고 배船꽃은 정녕 피려나
꽃바람 부는 봄철에 꽃소식이 들려오고
힘찬 애기 울음소리 들려올 것만 같은데
황포돛대 올리고 깃대 올리고
어화 둥둥 만선으로 고주망태 되어
방랑으로 떠도는 영혼 붙들어 맬
닻 내릴 날
있으려나, 있으려나

새 봄

겨울을 어렵사리 지낸 나무들이
하늘을 만지작거리고 있다
어둠과 추위 속에서 달군 꿈
무슨 형상形像으로 그려낼 것인가
하냥 그립다, 사뭇 기다려진다
시선은 정지되고 가슴은 두근두근
작은 입 모아 마른 목 축이고
연두색 크레용으로 덧칠해진 하늘
하늘가 언저리에 초가집 지어놓고
아지랑이 손짓하는 고개 너머로
숨 가쁘게 봄은 오고 있다

네 탓 내 탓 하다가
불신 반목 질시로 가득한 땅
녹슨 철조망 너머 봄바람이 인다
마파람에 하늬바람까지 불어
황사 지난 자리 볕이 가득하다
한 지붕 한 하늘 아래 한 형제

밥상에 둘러앉아 밥 나누는 시간
이제던가 저제던가 하마 오시련가
잎으로 꽃으로 생가슴으로
눈길마다 손길마다 피어오르는 봄
봄은 그렇게 오고 있다

바람

얼굴 스치는 바람이 부드럽다
꽃소식 몰고 오는 바람은 향기롭다
여름에 몰아치는 태풍은 두렵게 한다
어느 날 바람길에 서서
사뭇 흔들리고 싶은 때가 있다
나락奈落에 빠져 영혼이 잠들 때
안락安樂에 취해 사정없이 풀어질 때
바람 불어오는 곳으로 기울여
밀리지 않고 당당히 맞서고 싶다
순한 바람길에는
날카로운 독사의 혀가 숨겨져 있다
이브의 추락墜落을 알면서
간사한 유혹에 빠져들기도 한다
머리 들고 일어나는 소욕少慾
잠재우거나 떨치지 못하고
불어오는 바람에 기대어
떠밀리고 흔들리고 싶을 때가 있다
납작납작 바람에 깔리는 언덕에서

풀들의 아우성과 비명 듣는다
갈 때까지 가 봐야 아는 바위같이
우직하게 버티고 싶을 때 있다

강천산에서

겨울이 다가오는 초겨울
산골짜기 훑고 지나는 바람이 매섭다
옷깃 세우고 내딛는 발걸음이 무거워지고
죄 고하러 들어가는 중생衆生 되어
구부정하게 고개 숙인 채 걸어간다
한 마장 지나 두 마장쯤 지나니
시냇물소리 맑아 청량하다
철이 늦어 단풍잎은 고사枯死하고
푸른 나뭇잎들이 아직 청청淸淸한데
시냇물에 비친 단풍이 해사하게 곱다
바라보는 실상實像보다
비춰보는 허상虛像이 아름답듯이
지난여름 무더위와 폭염이
맑은 물에 씻기어 깊어진 듯 아름답다
고운 단풍 잡으러 물에 빠진 나무꾼
가을단풍에 빠져들고 싶은 충동에
사뭇 발이 간질간질하다
오는 철 지나는 계절 탓하지 않고

맑은 시냇물에서 단풍 한 잎 건져내
가을을 책장 사이에 꽂는다

낙엽이 지고 있다*

낙엽이 지고 있다
큰길가 사거리 가로수에 달라붙은
검정 현수막의 하얀 국화가 지고 있다
그와 나 사이에 바람이 일고
느티나무 이파리가 날리고 있다
누구의 눈물인가
누구의 슬픔이던가
가로수 노끈으로 묶여 있는 생명
159송이 꽃잎들이 시나브로 지고 있다
편안히 잠드소서 고이 영면하소서
못다 한 말 사랑한다는 말 뒤로하고
밀쳐오는 인파에 숨길조차 트지 못하고
낙엽 지듯 비정하게 가신 님
작별인사 나누지 못하고 홀로 가는
길이 얼마나 고독하고 외로웠으랴
얼마나 두렵고 무서웠으랴
잡히지 않는 손 뻗어 버둥대도
발 뻗어 지상에 붙이려 해도

지상은 멀고 하늘길이 가까운데
탓하지 말고 원망하지 마시고
아픔과 상처, 살아남은 자들의 몫
조문객들의 눈물로 고이 씻어주소서
온 백성 눈물로 닦아주소서
가을 낙엽이 지고 있다

* 2022. 10. 이태원참사 희생자에 붙여

봄날의 합창

움츠렸던 어린 것들이
봄이 오면 기지개를 켜고 눈을 뜬다
자기만의 개성과 취향으로
잎을 내고 줄기 벋어 꽃을 피운다
하양, 노랑, 빨강, 보랏빛 나발 만들어
크고 작은 입을 활짝 벌려 노래한다
할 말이 그리 많은지 하늘에 속삭인다
눈 내리는 겨우내 갑갑하였으리
앞산에 가려 따뜻한 볕이 그리웠으리
바람소리, 자동차소리에 시끄러웠으리
벌과 나비 유혹하는 냄새가 역겨웠으리
꽃 지면 자리 비껴주어야 하는 것이
참아낼 수 있어도
이리는 살지 못하겠다는 푸념의 소리
제각각 다름이 모여
봄볕을 가다듬어 화성和聲과 화음으로
꽃동네 이루어 합창을 한다
소란한 가운데 봄날은 화사하고 환하다

온 세상이

찻잔에
입술이 있다

그 입술에
입술 살짝 포개면
향기와 찻물이
입 안으로
가슴 안으로
훅 들어온다

흐음!
먼 산 바라보고
하늘 올려본다

온 세상이
동그랗게 들어온다

홍시

장대 높이 들고 가누면
하늘 젖무덤이 홍시를 단다
눈으로 가슴으로 이제 닿을 수 없는
장독대 뒤 대나무숲
나이 먹어 중동이 꺾인 엄니 감나무
눈 내리는 겨울 가지 끝에 홍시 단다
올려보면 눈 시리고 가슴 먹먹하다
눈내리는 날 엄니가 내어 준
장독대에 갈무리된 얼린 홍시紅枾
말랑말랑 홍시 이 시리게 빨면
쪼글쪼글 무말랭이 젖으로 빨리고
달콤함이 입 안 가득 가슴 열어
엄니 홍시에 눈시울이 젖어온다
"얘야, 추운 날씨에 몸 성히 지내거라"
차디찬 겨울 하늘 위에
까치밥으로 남겨진 홍시
내려다보면 대나무 숲 그늘 아래로
엄니가 온다

외롭고 서러울 때 하늘 채우던 홍시
내년 가실* 홍시는 또다시 오겠지만
쪽 빨린 울 엄니 언제 달릴까
오실 기미 없이 날만 춥다

* 가실 : 가을의 방언

채송화

본 이름은 채송화입니다
성은 채씨고 이름이 송화입니다
별명도 많지요
뜸북뜸북 뜸북꽃, 땅 갈로 자라 땅꽃
하루 피었다 지는 하루살이꽃
서지 못하고 앉아 있는 앉은뱅이꽃
장미이끼, 꽃쇠비름까지
땅딸막 키에 앙증맞은 것이 자랑이다
좋은 집안에서 자랐다고 으스대지만
담벼락 밑, 마당, 양지바른 곳이면
해와 같이 눈 뜨고 눈을 감는다
장마 가뭄 온갖 시련 다 겪는대도
'못 살겠네' '죽겠네'
천한 말 입줄에 올리지 아니하고
입과 눈 귀 닫고 홀로 밤비 맞으며
아침이면 작은 가슴 슬며시 연다
소인국 작은 마을에도
웃음꽃 피고 생기가 돈다

노랗고 하얗고 빨간 웃음
가엾고 순수한 마음들이 모여
무지개로 꽃피는 동산
가만히 다가가 부르고 싶은 이름
채송화 채송화

회화나무*

들어 올려 옮김 당하지 아니하고
제 자리에 뿌리 내리고 마감하는 일
쉬운 것은 아니다
비바람 눈보라 치는 역사 속에서
기둥 세워 가문 지켜내는 일이
어찌 쉬운 일이라 하겠는가
학자나무로 선비 기상과 풍모 지니고
천년을 하루같이 견딘 의연毅然함이
오지고 가상嘉賞한 일이랴
몸이 낡아 제 몸 하나 가누지 못하고
쇠 지팡이로 의지할지라도
내 집 마당에서 하늘 바라보고
바람 맞이할 수 있다는 것이
고비 고비마다 천대賤待와 멸시로
개땅쇠들이 살아온 전라도 땅
완산 벌판 무너져 내린 전라감영 터
복원 위해 파헤쳐지고 폐허된 자리
메마른 흙덩이 잡초 무성한데

검은 몸뚱이 세월의 채찍 맞으며
낮볕이 쨍쨍한 날은 오는 것인가
천근만근 무거운 허리춤 세우며
푸른 이파리 달기 시작한다

* 회화나무 : 전주시 완산구 구도심 전라감영 뒤뜰에 서 있는 회화나무

아카시아 꽃

깔깔깔 껄껄껄
빛깔로 들려오는
오월의 웃음소리

당알당알 송이송이
숭어리로 쏟아지는
하늘의 웃음소리

찔레꽃

보름달보다 낮달이 좋다
보일 듯 말 듯 보이는 듯 숨는
해질녘 하산 길모퉁이에서 만난 소녀
허리 세워 발걸음 멈추게 한다
정갈하고 단정한 옷매무새로
푸른 치마에 하얀 저고리
손 한 번 잡으려 거친 손 내밀면
수줍어하며 다가오지 마세요
둥글게 웅크리고 앉아 가시 손으로
그래도 다가오면 찌를레 찔레꽃
찔레순 접어 입에 물고 눈 감으면
따르르 번지는 달짝지근한 연서戀書
풀대죽 창백한 얼굴로 달이 뜬다
으스스 날 저무는 산모퉁이 길에
연한 분냄새 흘리며
다글다글 숭어리로 어둠 밝히며
설레는 가슴에 꽃등불 단다

하루쯤

살랑살랑 바람 불어 시원한 날
샴푸향 상긋 풍기는 그미와
산속에 깊이 잠든 곤돌라 타고 싶다
소리 닫고 시야 열린 유리창 안에서
하루쯤 근심 걱정 내려놓고
이리저리 흔들리며 가고 싶다
집이며 일터 일상에서 벗어나
잡념 내려놓고 일탈逸脫을 꿈꾼다
소란하고 끈적거리는 관계 벗어나
나무들이 마을 이루는 동네에서
편히 눈 뜨고 귀 열고 창을 연다
수없이 오르고 내리는 곤돌라
산이 다가오고 내가 사라지는 사이
기나긴 풀밭과 계곡들이 지나고
양과 말이 여린 풀들을 뜯고 있다
햇살 고와 뭉게구름 피는 날에
길 건너, 산 너머, 언덕 너머로
맑은 향기 나는 그미와 함께

산들산들 오르고 선들선들 내려오는
천국 그네 곤돌라에 몸 싣고
허식, 가식, 가면 내려놓은 채
곤드레만드레 취하고 싶다

목련

순백純白 앞에
석상石像이 된다

부족하다
부끄럽다
면목 없다

바스러져
내리는 봄

사소한 것이

오르고 상승하는 것에
시선 두고 애달았는데
헛되고 쓸데없다는 것을
뒤늦게야 알게 되었다

아침 눈뜨면
아파트 한 바퀴 돌고
아내와 밥상 나누고
일상을 소일거리 삼아
살아갈 수 있다는 것이
하늘이 내려준
고귀한 상賞이라 생각했다

문 닫으면
보이지 않고 들리지 않는
유리창琉璃廠 너머 고요
기웃거리거나 흔들림 없이
사소한 것으로 채워가는 것이
소중하고 가치 있다는 것을

12월 단풍

무엇을 못 잊어 떠날 채비 못하고
눈 내리는 동짓달에 떠나지 못한 단풍
오랜만에 다가산에 오르니
초겨울 햇살이 다람쥐와 숨바꼭질 하잔다
한 해가 기우뚱거리며 넘어가는데
나무들은 옷을 제대로 벗지 못하고
어린 새끼들을 품안에 끌어안고 있다
아직도 울긋불긋 화사한 몸치장 하고
해 저무는 초겨울 문턱에서 숲은
소리 없는 잔치 벌이듯 고요하다

비바람과 가뭄 속에서도
녹음 우거지고 새들이 노래하던 숲
하모니 이루어 무성했던 날 잊지 못하고
식음 전폐하고 벌건 얼굴로 달아오른다
어두워져 가는 산그늘 밝히며
살아있음이 비루鄙陋하다는 것을
넌지시 말해주는 듯 겨울을 맞이한다

하늘 나는 새의 깃털이 떨어진다
해 기우는 길목에서 어미 손잡고
마지막 잔치를 벌이고 있다

조팝꽃

꽃샘추위 가시는 봄날 즈음
아파트 옆 백로공원에 올랐더니
올망졸망 앙증맞게 조팝꽃 피네
어린 것들이 호된 추위 무릅쓰고
여기 피고 저기 피고 손들고 피어도
그 누구 시새움 없이 한마을 이루고
손잡고 형제 되어 세상을 이루어가네
작은 꽃망울이 번져가는 사이로
우리들의 봄은 소리 없이 온다네
멀리 가까이서 들려오는 사이로
들려올 듯 말 듯 들려오는 소리
– 아기 달래는 자장가 소리
빗소리, 바람소리, 새소리, 물소리
총소리, 대포소리, 천둥치는 소리
맨 땅이 갈라지고 내려앉는 소리
땅따먹기하다 싸우는 소리
그리고 아기 우는 소리 –
소리 소리에 놀라 아기는 깨고

올몽졸몽 올라오는 조팝꽃 어린 것들이
황사로 뿌연 꽃샘추위 다시 오는 날
하얀 꽃잎 보자기 뒤집어쓰고
봄 가슴팍으로 뛰어 들어간다

앵두

그리운 이에게
상긋이 웃어주는
소녀의 눈웃음

연분홍 꽃잎
푸른 이파리 달고
설레던 날들

달콤 새콤 상큼
부풀리고 부풀린
발그스름한 발기

영롱한 이슬방울
떨어질 것 같아
눈 감을 수밖에

제3부

어머니 나라

비린 추억

오늘따라 냄새가 파고든다
겨우내 덮고 잔 무명이불 홑청 뜯어
다사로운 봄날 우물가에서 빨래를 한다
양잿물 풀어 한소끔 담가 놓은 뒤
씨올과 날올 얽힘 방망이질로 풀어놓는다
말강물에 후적후적 헹구어 낸 다음
양 끝을 팽팽히 잡고 탈탈 털면
안개꽃 피어나듯 물안개 자욱하다
살짝 풍기는 엷은 비린내
물비린낸가 젖비린낸가
몸비늘 홑청에 붙었다 털리는 내음인가
인육人肉의 땀이 마르면서 나는
익숙한 살내음이 봄 햇살에 바래진다
열 달 어머니 양수 속에서
유영遊泳하며 놀던 촉각이 되살아나
날것이 깊은 곳으로 파고든다
무명홑청 끝을 잡아 다시 털어낸 뒤
바지랑대 빨랫줄에 펼쳐 놓으면

짱짱한 봄볕에 고슬고슬 말라간다
마른 빨래 걷어 고이 접어둘 때에도
어매 가슴팍에 배인
묵은 젖비린내가 솔솔 난다

대아리 수목원에서

가을이 깊어진 주말 오후, 산을 찾는다
산도 늙어 가는가 보다
화사하게 치장을 하여
인적이 드물어 고즈넉한 산마을에
나무들이 울긋불긋 옷을 갈아입고 있다
서늘해진 산그늘에 발걸음은 가벼워지고
안내판 손금을 따라 산정을 오른다
무거운 발걸음 재촉하여도 헛바퀴 돌지 않고
둘러선 산세가 수려하여 숨이 살갑다
천기 내리는 수목원 길목에 멈춰 서
먼저 가신 육친의 어머니를 가만히 불러본다
"아들이 왔습니다. 어디쯤 계신가요"
금세라도 다가와 와락 끌어안아주실 어머니
요양원에서 나들이 나와 산을 휘 둘러보시며
"여그가 천생 내 집인 것처럼 참 좋다"
어린 아이와 같이 마냥 좋아하신 어머니
두 번인가 더 오시고 발걸음은 멈춰 섰다
두리번거려도 어머니는 보이지 아니하고

아들이 가는 호젓한 산길에
어머니는 말없이 함께 따라주신다
나무들은 서둘러 옷을 갈아입고
다음 생애의 영화를 꿈꾸며
다가올 겨울을 맞이할 채비를 하고 있다

아버지의 강

집 뒤안 산 너머 금강이 흐른다
대보 둑 갈대밭을 적시고
몸을 한 번 뒤척이고 황해바다로 향한다
아버진 아버지는
지금쯤 지게에 두엄 가득 지고
논길을 비척비척 걸어가고 있을 터인데
오래 전 무겁고 고단한 삶 내려놓으시고
흰 고무신 돛단배에 오르셨다
굽이굽이길 따라 개안을 지나
황해를 빠져 남지나해 쯤 이르셨을까
가다 가다가 닻 내리고 쉬고 계실까
이른 새벽마다 논밭으로 내달리던
장딴지 굵은 바지런으로 풍요로웠는데
아버지가 비운 집은 강물로 가득 찬다
아버지 강에 아들이 배를 띄운다
어딘가에 머무르고 계실 안식 찾아
아들이 순풍에 돛을 단다

강물은 앞서고 뒤서고 따라잡힐 듯
꼬리를 사리며 대양大洋을 이룬다

눈망울 속 어머니

눈 감으면 어머니가 오신다
흐릿하게 천천히 다가오지만
가까이 다가서면 멀리 사라진다
보일 듯 보여줄 듯하다가
이냥 뒤돌아서는 어머니는
빛바랜 사진으로 남아 있다
주말 오후 고향집에 들르면
대나무 그림자만이
길게 마당을 기웃거린다
어머니 찾아 앞산 지나
새 뚝 건너 목화밭에 이르면
어머니는 모래밭에서
하얀 수건 두르고 김을 매신다
메마른 땅바닥 호미로 걷어낸
바라고풀, 쇠뜨기, 쇠비름
묵은 가슴앓이는 어디로 갔을까
가까이 다가서면
어머니 냄새가 달짝지근하다

반겨주시는 어머니 눈동자에
아들이 쏘옥 들어가고
안기는 눈망울에 어머니가 있다
바람 서늘한 마른 날에
이슬비가 하얗게 내린다

옹이

가슴에 옹이 하나 박혀 있다
"아들도 소중한 손님인디
찬밥 멕여 보낼 수 있겠냐"
가마솥에 불 밀어 넣으시며
울 엄니가 아들에게 하신 말씀이다
그러니까 중학교 1학년 시절
공부하러 대처大處에 나가
주말 집에 온다는 게 기차가 연착하여
밤 12시 사이렌 울린 뒤에야 도착했다
찬밥 한 슬 데워주면 그만일 터인데
부엌에 가신 어머니가 소식이 없다
부엌에 나가 보니
새로 밥을 지으시는 것이 아닌가
남은 밥 데워주면 될 터인데 하니
"오랜만에 집에 온 소중한 아들인데
찬밥이 무슨 말이냐!" 하셨다
나는 어머니에게
그렇게 소중한 아들이었다

그 뒤 세상에서 어머니의
'소중한 아들' 되기로 작정하였다
그리 소중한 아들이 어머니에게
소임所任 다하지 못한 것이
깊숙이 옹이로 남아 있다

명이

제 한 목숨 건사하기 힘든 춘궁기
울릉도 산비탈 바람길에 뿌리 내려
보드랍고 둥글납작 도톰한 이파리
여린 몸으로 잘리고 베이고 뜯겨져
귀한 목숨 이어준다 하여 명이命伊
마늘 냄새 난다 하여 산마늘
명이풀 명부주 신선초라 불리었는데
무슨 업보業報 그리도 길고 질기기에
바짝 말라 갈라진 비린 목구멍에
한 대접 멀건 죽이 되었다가
다순 국물로 뭇 생명 살리는가
짭짤한 장아찌로 입맛 돋구고
불판에서 한 보시기 나물 되었는데
가난으로 배 곯리던 시절
어린 목숨 이어주던 짝꿍 명이命伊
팔자소관으로 치부하기에
너무 안타깝고 아련한 명이命伊
어느 곳에 살고 있는지

척박한 벼랑길 아닌 도심에서
귀티 나는 여인으로 살아가고 있는지
이른 새벽 차디찬 이슬 한 방울
가난한 영혼 일깨워
안개 낀 명이밭으로 이끌어 간다

넘볼 수 없는 산

아버지는 산이었다
앞산만큼이나 떡 버티어 선
넘을 수 없는 거대한 산이었다
논다랭이 몇 개로, 밭뙈기 몇 이랑으로
동생들과 조카 그리고 아홉 남매
먹여 기르고, 가르치고 건사하신 아부지
이른 새벽에서 땅거미 지는 저녁까지
논두렁 밭고랑 넘나드신 아버지
허리 한 번 제대로 펴실 날 없이
이랴 쪼쪼 쟁기질하면서도
소보다 앞서 걸어가신 아버지
당신 생애에 눈물과 웃음 가린 채
오직 식솔食率 안일과 안식 위해
수수깡 울타리 되어주신 아부지
술 한 잔에 힘없이 무너져 내려도
아닌 척 일어설 수밖에 없는 가장
살아온 고비마다 걸어온 구비마다
끈적거리는 땀방울이 배어있는데

몹쓸 놈의 암덩이에 짓눌려
산은 매운 재 되어 내려앉고 말았다
아버지는 아부지는
아들이 넘볼 수 없는 산이었다

아버지 물수레

지독한 가뭄이었다
비가 내려야 살아있는 것들이
목축이고 목숨 부지할 터인데
달무리 지어도 비 소식은 감감하다
땡볕 논바닥은 쩍쩍 갈라져 입 벌리고
목마름에 지쳐 늘어져가고 있다
아버지는 수렁 논배미에 동강* 파고
윗배미 모 내기 위해 물길 내어
해가 잠든 밤 물자세 걸어 놓는다
베잠방이 걷어 올리고 굵은 장단지로
한 발 내딛으면 물수레가 돌아간다
물수레 혓바닥으로 올라오는 물줄기
논바닥에 핏줄 번지듯 퍼져 나갔다
실바람 소리, 부엉이 우는 소리
달이 떠오르고 달밤 적시어 갔다
이슥한 밤 달빛이 물길 내고 있었다
하얗게 부서지는 달빛 속에서
발자국마다 찰랑찰랑 물이 고이고

가쁜 숨소리에 달은 달려야 했다
달빛으로 채워지는 고라실 다랑이
생명의 숨소리가 들려오고 있다
아버지는 물길 좋은 지금에도
달나라에서 물수레 돌리고 있다

* 동강 : '작은 연못'의 방언

아버지 가시는 날에

추석 다가오는 즈음
하늘은 마냥 푸르고 푸른데
잉크 뿌려놓은 가을하늘 시퍼런 하늘
들판은 소리 없이 익어 가는데
아버지 가시는 길 하늘이 눈물 흘린다
"이제 가면 언제 오나
오실 날이나 알려 주오"
어~ 여~, 어~ 이~ 여~
먼 듯 가까이서 울먹이는 바람소리
이어졌다 끊어졌다 들려오는 상두꾼 소리
가도 가도 끝없는 저승 가는 길
한 번 가면 되돌아 올 수 없는 길
붙들려 떨어지지 않는 발걸음으로
한 발씩 두리 두둥실 꽃상여 가네
종종걸음 내딛는 상두꾼 상여소리
아버지 꽃상여 타고 하늘길 가네
끈끈히 달라붙은 가난 속에서
내려놓을 수 없는 멍에 벗어버리고

눈부시게 푸른 날 빈손으로 가시네
"가시나이 가시나이 진정 가시나이"
살짝 살짝 떠가는 상여에 잉아줄 달아
일가 피붙이 눈물 찍어 하늘길 가네
푸른 하늘 핏방울 황토 땅 붉어
붉은 연鳶되어 두리둥실 올라가네
만장挽章, 포장布帳, 휘장揮帳 날리며
짐 벗고 소풍가듯 가벼이 가시네
바람 꽃가마 타고 하늘길 가네
울 아버지 눈 감고 소풍 가시네

어머니 나라

어머니와 눈 맞추며 웃을 때
어머니는 포근한 안식처였습니다

아장아장 걸음 뗄 때
어머니는 위안이고 위로였습니다

책가방 메고 학교 다닐 때
어머니는 위대한 선생님이었습니다

어머니 품 떠나 외지로 나설 때
어머니는 그리움이고 눈물이었습니다

사랑하는 아내 만나 결혼할 때
어머니는 다른 여인이 되었습니다

어린 것들이 태어나 노닐 때
어머니는 지붕 되고 울타리가 되었습니다

손주들이 성장하여 짝 이룰 때
어머니는 먼 길을 떠나셨습니다

어머니는 그리움이고 눈물입니다
그리움 담은 바다이고 하늘입니다

어머니 나라
바다가 파랗고 하늘이 푸릅니다

콩나물 기르며

가을걷이 마치고 방안농사 시작된다
성한 콩 가려 물에 불린 뒤
물시루에 콩 앉혀 놓으면 콩이
두 눈 똥그랗게 뜨고 세상 내다본다
목마름이 오거나 갈증 날 때
어린 것 생각하며 물을 퍼 붓는다
한 바가지 물에 허연 수염 내리고
물의 다순 온기로 탐스럽게 자란다
한 열흘 지나면 실한 콩나물들이
체온 유지하며 서로 용납容納하다가도
비좁다 숨 막힌다 아우성이다
부대껴갈 때 소낙비 자주 내리고
머리 들고 쑥쑥 자라는 콩나물
삼베 천으로 하늘 가린 어둠 속에서
눈 감고 두 쪽 노랑머리 수줍은 소녀
어깨 부딪치며 자란 몸들이
비린내 벗어버리고 구수한 맛을 낸다

농한기에 지은 방안농사가
눈 내리는 한겨울을 맛나게 한다

어머니가 오신다면

하늘나라에 계시는 어머니가
하루 휴가 얻어 오신다면
얼마나 좋을까, 이 얼마나 좋을까.
요양원 굳게 닫힌 철문 살짝 열고 나와
징검다리 건너듯 통 통 통
그리 좋아라 하던 수목원에 가고
코스모스 인사하는 가을들녘 내달리고
그리도 궁금해 하시던 막내고모네 가고
어릴 적 치맛자락 날리던
옥구 군산 성산 휘돌아 나와
낯선 남정네 따라 진 고생 하였다는
충청도 두메산골도 은근슬쩍 둘러보고
아홉 남매 등에 업고 누비던
텃논 남새밭에 들어가 기심도 매고
자식들과 도래밥상에 둘러 앉아
숟가락 젓가락 장단에
눈 맞추고 입 맞추는 시간이
정답고 정겨울 터인디, 울 엄니야

소풍 가 계신 어머니가
한 시간이라도, 아니 오 분만이라도
한 번쯤 오시기만 한다면
깨금발 집고 훨훨 반길 일인데
살림살이로 찌들린 울 엄니
구수한 살내음 맡을 수 있을 텐데
하마 안식년 휴가 얻음직도 헌디
어머니가 오면, 오시기만 한다면
양팔에 팔랑팔랑 날개 달아
무등 태워 앞뒤마당 서너 바퀴 돌고
동네방네 고샅으로 날아다닐 텐데
할 일 없고 맥없는 요양원 재껴두고
손자 손녀들과 소꿉놀이하는 집에서
반포조反哺鳥 까마귀같이 받들 터
감아도 눈 감아도 잊지 못하는
항용 '느덜 잘되면 원이 없다'는 말씀
못난 아들 가슴팍 대못이 되어
타앙 탕, 깊숙이 박힌다

좌판에 누워

용하다는 동네 한의원 좌판에 누워
천정 바라보니 작아지고 오그라든다
지시대로 이리 눕고 저리 눕고
하늘 올려보다 천길 땅 밑을 본다
영혼은 검은 지하수로 빨려 들어가고
육신은 물주머니에 녹아 풀려간다
마른 등 부황으로 거죽 부풀리다가
전기 고문 화살 침으로 쪼아대니
쩌릿쩌릿 실험용 개구리 된다
죄목이 하나씩 드러나 이를 어쩌나
좌판 위에 힘없이 올라온 도다리
솜씨 좋은 손길에 손질되는 도다리
뻐끔뻐끔 빈 입으로 목숨 구걸하듯
벌겋게 뜬 눈 칼 등으로 가려진 채
비늘거죽 벗겨지고 뼈 발리고
무참히 살점으로 잘리고 저며져
본래 지닌 성품마저 잃어간다
오른 눈 뜨고 바르게 살아온 도다리

아무리 발버둥 쳐도 벗어날 길 없다
낡아가는 몸 좌판에 올려져
푸른 바다 꿈꾸다가 오른 눈 잃고
왼눈으로 흰 벽을 바라보고 있다

비빔밥

누군가의 밥이 되기 위에
뽀얀 대접에 고슬고슬 담긴 흰 쌀밥
세상에 나와 생명으로 잉태되지 못하고
불판 위에서 성자가 된 달걀 프라이
하얗고 노랗고 파랗고 빨강으로 치장한
콩나물, 시금치, 호박, 당근, 버섯
나무젓가락으로 설렁설렁 비벼놓으면
흑색, 백색, 인종, 종교에 관계없이
사상, 이념, 직업, 귀천에 상관없이
모양, 색깔, 향기, 소리까지 버리고
수더분한 한 그릇 밥이 되지요
다른 것들이 하나되기 위한 몸부림
다름은 차이가 아니라 다름일 뿐
어우렁더우렁 엎어지고 뒤집어져
섞어지고 어우러져 위안과 안식으로
그 무엇에 관계없이 자신을 버리고
오직 하나 되기 위한 몸부림
얼큰하고 맛깔나게 비벼놓은 비빔으로

예쁘게 담겨진 따뜻한 밥 한 그릇
살과 피가 되는 생명의 밥
화해와 평화로 오는 우리들의 밥

순대국밥

바람이 설렁하게 부는 날
마이산 귀가 보이는 순대국밥집에 간다
들판 지나 외딴 마을 어귀
어디서들 그리 찾아왔는지
두어 참 기다려야 순대국이 나온다
숭덩숭덩 잘려 시퍼렇게 눈뜬 부추
수줍은 깍두기가 낯익다는 듯 인사한다
사는 일에 뒤뚱거리고 싱거워진 몸
맵고 당찬 청양고추에 짭짤한 새우젓까지
밥 한 공기 때려 넣고 뒤적뒤적
호로록 후루룩 꼭꼭 씹어 삼킨다
찬 것에 길들여진 뱃속이
따끈한 국물과 구수한 순대에 녹아
국밥 한 그릇에 느긋해지고 넉넉해진다
허리 풀고 살아있음에 감사하는 시간
유리창 밖을 내다보니
어룽어룽 그도 이녁을 바라본다
'누구에게 따순 밥 되어 봤냐'고

어제 본 듯 가만히 물어온다
밥 한 술 떼어 내려놓은 일 없이
내 밥그릇 챙기기에 바빠 살아온 날들
오목 투가리에 뎁혀 얼싸하게 전해온다
땀인지 눈물인지 육수 되어 흐른다
후후 덥네, 오늘 따라 무지 덥네

꼬막

여수 여자만 뻘에서 잡아 올린 꼬막
쬐그만하면서 단단하고 야무진 것이
빠져나올 수 없는 뻘밭 그리움 담고 있다
생生을 밀배船에 가벼이 싣고
이리저리 밀며 누비며 건져 올린
짭쪼름 쫄깃한 맛을 내는 바닷가 보석
등껍질 파도에 골이 패이고 연륜이 쌓여
깊이가 깊어져야 삶의 고소함 담아
차지고 달큰한 맛을 우려낸다
어린 것들이 어찌나 입이 무거운지
살아온 이력 궁금하여 물을지라도
장작불에 삶아져도 입을 꾹 다물고 있다
안으로 안으로만 움츠려 함구緘口한다
따개로 제켜야 연한 속살 내 비친다
찬바람 이는 계절이 오면
꼬막들이 달그락 달그락 아우성이다
세인들이 사는 일로 제 갈길 분주한데
어린 것들이 할 말이 있다고 불러댄다

그대가 그립다고
지난날의 청정한 바다가 그립다고
물컹물컹 빨리는 진흙뻘이 그립다고
한 번 빠지면 빠져나올 수 없는
뻘밭 마지막 장에서 실눈 뜨고
짭짤하고 쫄깃한 그 입술이 그립다고

홀치기*

산업사회 되기 전 70년대인가
외화벌이 홀치기가
여인네 부업으로 농촌에 번져나갔다
밤새도록 '달가닥 달가닥'
비단틀* 앞에서
점박이 비단 걸어 한 올 한 점 옮아내는
수작업 노역勞役이 돈이 되어갔다
달가닥 달가닥
홀치기로 지새운 밤이
밥이 되고 옷이 되고 집이 되었다
허기와 모자람이던 학창시절
꼬박 밤새운 누나의 인내와 사랑이
학비가 되고 간식이 되었다
허리 한 번 펴지 못하고 눈 빠지도록
온종일 늦은 밤까지 고된 작업
손에 지전 몇 푼 쥘 수 있는 일인데
꼬박꼬박 모아두었다가
객지 나가 공부하는 남동생

가는 손에 지전 몇 푼 쥐어주면
누나는 다시 털털이 빈 손
다시 밤새워 비단 점 얽으면
논두렁 물 새듯 빠져 나갔다

* 비단틀 : 비단을 걸어 훑치는 틀
* 훑치기 : 비단천의 점박이 부분을 훑치거나 묶어서 그 부분은
물감이 배어들지 못하게 물들이는 염색 방법의 하나로 쓰임

미나리

얼음이 쨍쨍 어는 미나리꽝에서
겨울강 건너는 미나리를 본다
얼음짱 위로 쏘옥 머리 올려놓고
춥다, 아프다 말 한마디 아니하고
혹한의 시간 견디는 미나리를 본다
물의 깊이가 깊어질수록 키 키우고
기온이 내려갈수록 살찌우는 미나리
마디와 마디에 영혼의 길을 내어
차가울수록 몸 부풀리는 미나리가
논바닥에 뿌리 내리고 머리 들어
바람 불고, 눈 내리고, 청둥오리 찾아오는
일상을 가다듬어 가슴에 담아두고
꾸욱 입 다물고 봄하늘을 가다린다
기다리다 기다리다 지쳐 몸을 눕힌다
오늘 아침, 소박한 밥상 마주하며
소금에 절여 버물린 미나리를 본다
둥글고 탐스러운 몸매에 산발한 머리
매운 고춧가루에 아픔과 고통 잊고

숨죽인 듯 누워 있는 미나리
오독오독 씹을수록 향이 배어나고
오물오물 삼킬수록 고소함에 젖는다
겨울 지나고 포근한 봄날
한 토막 미나리 이야기를 듣는다

씀바귀

살아가는데 '맛'과 '멋'이 있는데
맛에는 단맛, 짠맛, 신맛, 쓴맛이 있다
그중 잘 나갈 때 만날 수 있는 달콤한 맛
어렵고 힘들 때 맛볼 수 있는 쓴맛
짭짤하고 시큼한 맛이 밥맛을 돋구지만
어쩌다 만나는 씁쓰레한 맛으로
입안을 헹굴 때 개운한 맛이 든다
따뜻한 봄철 흐르는 물에 씀바귀 헹궈
소금물에 살짝 간 죽여 젓갈에 무쳐내면
봄 햇살에 싱거워진 몸
진하고 맛깔나게 만드는 먹거리다
씀바귀, 쓴귀물, 싸랑부리, 씸배나물, 쓴나물
여러 얼굴로, 여러 성깔로 다가오지만
입맛을 밥맛으로 바꾸는 데 따라올 자 없다
고추 당초 맵다 해도 시집살이 만큼이랴
안방 여인들의 한恨에 견줄 수 있으랴
쓰고 매콤하고 진한 고난의 세월 뒤로하고
여름 오기 전 밥맛이 싱거워질 때

하얀 즙으로 생을 돌리는 뿌리와 잎으로
서너 차례 입안을 헹구어 내면
씁쌀한 맛이 아릿하게 다가온다
씁쓸한 맛으로 한 생을 승부한다

황태

맛이라는 호사가好事家 이름으로
명태가 황태가 되기까지 치도곤 맞는다
태평양 오호츠크해와 베링 해협 심해에서
날쌘돌이로 헤엄쳐 키워온 몸들이
차디찬 바다에서 지상으로 끌어올려
나무십자가 덕장에 나란히 걸려 있다
나름 죄몫에 마땅한 죄값이 있으련만
영문 모르고 줄줄이 꿰미로 꿰어 있다
넓디넓은 바다 휘젓고 다닌 죄로
내장 샅샅이 훑어 내리고 코 꿰어
억울함 하소연하거나 솟장마저 낼 수 없다
이따금 찬바람이 헛기침하고 지날 뿐
눈조차 감지 못하고 멀뚱히 눈뜬 채
운명運命을 숙명宿命으로 받아들이고 있다
한데서 눈보라는 견딜 수 있다지만
눈여겨보거나 지나는 새조차 없다
낮과 밤 교차되는 겨우내 얼었다 녹았다
살 터지고 뼈마디 으스러지는 아픔에도

작은 신음소리조차 낼 수 없다
고소하고 담백한 명목으로 기약 없이
눈뜬 명태가 동태 되고 황태되어
두들겨 맞고 찢겨지고 으깨져 우려내야
고소하고 달큰하고 시원한 국물 된다나
이런, 억울하고 뒤집어질 일이

제4부

하늘가는 길

백제의 미소*

정녕 오시는지
바람결로 오시나요
숨결로 오시나요
봄바람으로 천년을 접는다

충청도 서산 용현리
돌벼랑에 당신 세워두고
바람 불어오는 돌계단으로
한 생각 다독이며 찾아가는데
단단한 화강암 바위에
정으로 뚫고 새기는 아픔으로
사철나무 늘푸름으로
보일 듯 말 듯, 보여주는
보드라운 해탈解脫의 미소
암자 뒤곁 바람길에는
천남성 들바람꽃 숲개별꽃이
부끄러운 듯 작은 가슴 열어간다
측은히 내려보는 어미 눈으로

품안에서 올려보는 아가 눈으로
달짝지근한 자비慈悲 눈길
벙그는 백제의 미소

* 마애여래삼존상. 암벽에 새긴 백제시대의 불상

신 정읍사

묵은 그리움 밟아
새살 짓는 그리움으로 다가서면
굳게 닫힌 빗장문 슬며시 열리네
달하 달하 노피곰 돋아
우리 님 오시는 길 밝히 비추오시라
네캉 내캉 모두 모여
손에 손 건너 잡고 강강수월래
서두르는 님의 발자국소리
산하 들머리 아지랑이 아른거리고
이랴 쪼쪼 논 가는 소등에 김이 나고
바지런한 농부 발걸음 가벼운 봄날
옷고름 풀어 제치고 덩실덩실
산 너머 등 너머 불어오는 바람
님 오시는 바람결인가
내일 여는 날갯짓인가
민들레 자운영 제비꽃 소식에
저절로 흥이 나고 신명이 난다
그 바람 그 향기에 취해

너른 들녘 한번 휘돌아 적시고
뉘엿뉘엿 내장內藏으로 넘어가네
어기야 어기여차
정주여 일어서라 달 솟는 곳으로

하늘가는 길

백년이 되어가는 붉은 벽돌 건물
외벽 타고 곡예부리는 담쟁이
떨어질 듯 기우뚱 다시 기어오르고
오르는 듯 멈추어 그네를 탄다
사각 링 유리창 안, 한 모금 숨으로
부풀리었다 가라앉는 보푸라기 병실
묵은 침묵이 한숨 되어 잦아지고
무거운 눈꺼풀 열고 창살을 바라본다
생사가 갈리는 유리창 안과 밖
푸른 손길이 창백한 눈길로 이어지고
담쟁이 홀로 하늘길을 낸다
구원의 손가락이 뭉그러져 핏발이 서도
단단한 벽돌에 뿌리박아 길을 낸다
바람 지나는 수직 하늘 올려보며
가냘픈 몸에 수많은 이파리 달고
한 걸음씩 한 걸음씩
우직 발자국 찍으며 고난의 길 간다

기다란 등줄기에 뭇 생명 업고
외롭고 척박한 하늘길을 간다

갠지스강에서

신새벽 종이 울리면
어둠에 잠긴 강이 서서히 깨어난다
부산한 바라나시 골목 지나
물안개가 스멀스멀 피어오르고
벅적거리는 인파 속에서
인육人肉 태우는 매캐한 연기가 솟는다
이승인가 저승인가 머뭇거리는 배들이
꽃등불 밝히고 물위에 디아*를 띄운다
물가 계단 가트에서 목욕재계하고
망자亡者 태워 보내는 의식이 이루어지고
성스러운 아르띠푸자*가 이루어진다
노잣돈 따라 카스트 신분 따라
잡목이 소나무와 향나무로 달라지는
영혼들이 찰박찰박 강물로 스며든다
성수聖水로 마시고 머리 감고
찌든 땟물 씻어내고자 몸부림친다
후비고 파내어도 끈적끈적 달라붙는
몸의 때, 안개와 연기가 거두어 간다

꽃잎에 향불 밝히고 떠도는 영혼들이
여기인가 거기인가
삿대를 깊숙이 찔러 서西으로 향한다
가도 가도 끝없는 갠지스강 따라
신神은 많은 인파 속에 낚싯대 내리고
구원자를 건져 올리고 있다

* 디아 : 꽃으로 장식한 촛불
* 아르띠푸자 : 갠지스강가에서 여신에게 올리는 제사의식

강갑이

호스피스 병원에 강갑이가 산다
쉰하고 일곱 혼자 몸으로 시설 떠돌다
마지막 안주할 곳으로 자리 잡아간다
헐렁한 키에 뻐드렁니 드러내고
하얗게 벙글벙글 웃어대는 강갑이
보기만 해도 구김살 없는 어린아이다
기분이 좋거나 아쉬울 때면
요양보호사에게 누님하며 환대하지만
배고프거나 비위가 틀어지면 징징댄다
혼자 돌아가는 티비가 떠들어대도
비 내리고 눈 날리는 하늘나라 몰라도
하얀 도화지에 연필 색칠하듯
변덕이 심하고 쉬이 검어지는 강갑이
기우뚱 병실에서 화장실 오가더니
다리가 꼬이고 욕창으로 누워버렸다
잠이 들면 형제라도 만나는지
먼저 간 부모님이 보이기라도 하는지
이따금씩 중얼중얼 소설을 쓴다

꽃철인 봄에 들어와 가을 겨울 보내고
하이얀 배꽃 흩날리는 날
늦게나마 '우리 색시 정말 곱네' 하며
꽃가마 타고 장가들 날 있을런지
싱그럽게 웃어대는 강갑이 손잡고
가는 길 안내해 주고 싶다

조장 鳥葬

하늘 가까운 히말라야 쩌쿵쓰 마을
푸르다 못해 엄숙하다
어디서 찾아왔는지 검은 옷차림
사자使者들이 눈 번득이며 기웃거린다
라싸를 향한 해탈과 불굴의 투혼으로
천하고 험하게 살다 마감한 육신
무릎 이마에 오체투지 굳은살 박히고
좌판에서 날짐승 보시布施를 앞두고 있다
아침 햇살 붉게 물들이는 설산을 두고
가장 잔인하고 아름다운 장례식
절차나 의식 없이
돔덴*의 칼춤에 무참히 난도질 당한다
붉은 살점들이 저승사자 먹잇감으로
물고 당기고 찢겨지는 아수라장
먹고 먹히는 생사의 갈림길에서
뼛골까지 빻아져 곡물 섞어 산화된다
흙에서 나와 흙으로 가기까지는
돌아보니 찰나刹那에서 순간이다

거푸집 벗어놓고 핏줄과 작별하는
마지막 흔적까지 저승사자 밥이 된다
조각난 영혼들이 무수히 하늘 떠돌고
검은 날개*들이 지상을 덮는다
어둔 그늘 아래 아낙이 읊조리는
'옴마니 밧메훔'이 처량하고 구슬프다

* 돔덴 : 조장을 집행하는 사람
* 검은 날개 : 독수리

아기 똥별*

은하계에서 아기 똥별이 추락한다
작은 눈물방울 반짝이는 별은
어둠 속으로 길게 종적 없이 사라져간다
신성별 탄생하였다 모두 박수갈채였는데
빛 발한 지 6개월에 별똥별 되고 말았다
하늘에서 나락奈落으로 떨어지는 아기별
받아줄 보드라운 치마폭 되지 못하고
단단하고 차가운 바닥 되어 면목面目 없다
어쩌나 아가야, 이를 어찌할거나
어린 것이 세상 얻어 세상 알아가는데
분노가 푸른 지구를 깨뜨리고 말았다
작은 원망이 미래를 망가뜨리고 말았다
추락墜落 속에도 엄마별 바라보았을 터
네 눈동자가 한 줄기 슬픈 빛 발할 때
모두 숨죽이고 나무들마저 눈 감았다
초롱별 사라지고 적막 속에 밤이 온다
꽃은 눈뜨지 않고 새들도 울지 않는다
아기별 가뭇없이 사라진 세상에는

웃음과 기쁨, 평화와 사랑이 지워지고
한 방울 눈물마저 허락하지 않았다
은하계가 눈물 흘리는가 싶더니
반짝이는 별들마저 가뭇없이 사라져갔다

* 2023년 12월 고층아파트에서 엄마에 의해 창밖으로 내던져진 6개월 된 아이

룽다* 앞에서

히말라야 고갯마루 정상
긴 장대 매달려 서럽게 우는 깃발들
견성見性의 진리 바람에 나부끼며
번뇌煩惱에서 벗어나고자 몸부림
노랑 하양 파랑 빨강 녹색으로
지수화풍地水火風 우주 이루고
세찬 바람으로 읽어낸 생명의 기호들
지상에 깊숙이 뿌리 내리고
영혼은 미지의 영원을 향해 달린다
육신의 살점에 뼈를 심어
고해苦海에서 벗어날 수 없다
육신의 허물 벗어버리고
해탈解脫에 이르고자 몸부림칠수록
장대 속은 비어가고 춥고 허기진다
경전經傳들이 바람에 날려가듯
욕망이 속세俗世와 아집에서 벗어나
한 그루 설산雪山의 그루*가 된다
멀리 멀리 앞세상 내다보며

높은 곳 향해 오르려는 수도자
찌든 영혼의 때 벗어버리고
한 줌 흙 돌멩이 되고 바람 되는
히말라야 언덕 바람길에서
우주 생명의 기호들을 날리고 있다

* 룽다 : 히말라야 고갯마루 장대에 매달려있는 경전
* 그루 : 티베트의 높은 경지의 수도승

숨결이 바람 되기까지

눈을 뜨면 열리고
눈 감으면 닫히는 세상에서
지그시 눈 감고 세상을 본다
멀리서 신발 끄는 소리
그리고 소곤소곤 오가는 말소리
가쁘게 잦아드는 한 모숨*의 정적
아픔과 상처 고통이 먼지로 쌓여가고
그리움과 외로움이 폭포수로
쏟아져 내리는 병상病床에서
이마는 미열이 나고 찬바람 인다
창 너머 산 너머 그리움 너머
검푸른 하늘가에서 연鳶을 날린다
신발 거꾸로 신고 내달리며
거꾸러지고 어푸러지던 가시밭길
거친 숨 돌리고 이제야 숨 고른다
어두운 장막이 내리고
말간 하늘이 열리기까지는
이별이 있고 사랑이 있어야 한다

무거운 육신의 거푸집 벗어버리고
자유로운 영혼이 되기까지는
지내온 이력履歷 지워버리고
연민과 애증의 바다를 지나야 한다
작은 숨결이 바람으로 날리는 시간
숨결이 바람 될 때까지는

* 가늘고 기다란 물건

호스피스병동에서

죽음을 본다
한 생 조용히 마감하고
대침묵으로 들어가는 정적靜寂을 본다
많은 버킷리스트* 남겨둔 채
건널 수 없는 길을 두고
가벼운 발걸음으로 소풍 가듯 나서는
뒷모습과 애써 인사를 나눈다
죽음을 가만히 묵시黙視한다
가는 죽음에도 존엄이 있다
삶과 죽음이 함께하는 애증의 소실점
점들이 모여 하얀 눈이 내린다
길은 희미해지고 멀리 아득하다
아스라이 멀어져가는 발자국
혼자가 아니고 둘이다
한 발자국 한 발자국 내딛는 눈사람
앞서고 뒤서고 길을 간다
뽀드득 뽀드득 뒤밟아오는 소리
돌아보고 둘러보아도 인기척은 없다

누구와 손잡고 갈 수 없는 길에
차디찬 볼 부비며 손 내민다
눈 위의 발자국 지워지는 발자국
하얀 장막이 눈사람을 덮는다
순백의 침실 고요한 침묵

* 버킷리스트 : 죽기 전 꼭 하고 싶은 일들

신발의 하루

부음訃音 소식에 단걸음에 달려간다
신발장에 가지런히 올려지지만
문상객 드나드는 입구에서 눈치보다
이리 채이고 저리 밟힐 때도 있다
운 좋으면 막내 뻘 새끼 상주에 의해
코빼기 나란히 정리되어 조문하고
서로의 묵은 냄새로 수인사 나눈다
고린내님, 구린내님, 꼬랑내님
이리저리 두루두루 선 이어대면
사돈네 팔촌까지 그물망에 오르고
행색行色만 보아도 엷은지 두툼한지
문상객 가운데 누가 오지 않았나
셈하고 정리하는 데 민첩하다
신발도 격이 있고 빈부貧富가 있다
명문가정에서 상것 무수리까지
한 번 태어나 가는 것은 당연한데
냄새 난다, 품격 떨어진다
밀쳐내기 자리다툼으로 소란 피우고

산 자는 망자亡者 두고 게걸스레 먹고
고명딸 울음소리 서러운데
조문객들의 객쩍 없는 웃음소리에
날은 저물어 가고 신발이 바빠진다

미당전설 未堂傳說

소쩍새 슬피 우는 봄날, 선운사가 있는 고창 소요산 문필봉文筆峯 아래 시문학관 마당에 미당이 은근슬쩍 내려와 국화 한 분盆 심었다. 허구한 날 그리 즐기던 맥주 마시고 소피所避가 급할 때면 마당가 국화 밭에 나와 오줌을 시원하게 누었다. 그놈이 소피 먹고 어찌나 튼튼하고 실하게 자라는지 소나기 천둥에도 아랑곳하지 아니하고 무서리 내리는 날 노란 꽃봉오리 터트리는 것이 아닌가.* 여름 지나고 햇살이 마냥 부드러워지는 가을, 꽃은 싱겁게 웃으시는 미당 미소로 번져나갔다. 노란 국화가 하나 둘 수를 늘이어가더니 온누리 노랑 물감으로 물들이고 있다. 질마재 고개 너머 들판 누렇게 물들이는가 싶더니, 담벽 오르는 담쟁이가 노릿노릿해지고, 질 세라 느티나무 잎들이 홀랑 누런 옷으로 갈아입고 있다. 아직 성성聖性한 솔잎마저 누릿누릿 날 세우고, 마당 잔디도 노르스름하게 누워 겨울 채비한다. 이에 건너편 안산案山 미당 고택古宅 국화동산에도 크고 작은 꽃들이 노랗게 누렇게 물들어가고 있다. 노란 평화 꿈꾸는 미당 선생이 자리에서 벌떡 일어나 파안대소破顔

大笑하고 계신다. 국화 한 분盆이 꽃을 피워 그 수를 늘리어 가더니 시집간 누님이 돌아오고, 그리운 이들이 마당에 하나 둘 모여들기 시작하여 풍악 울리고, 가을마을 노랗게 물들이고 저물어가는 세상 환히 밝히고 있다.

* 미당 시 '국화 옆에서' 변용

바닷가에서

햇살이 누그러진 시월의 주말 오후
파도가 조용히 밀려왔다 밀려가는
바닷가에서 조개를 캐냅니다
할아버지와 손자가 쪼그리고 앉아
힘을 내어 호미질을 합니다
긁어도 긁어내어도 조개는 보이지 않고
포크레인 바가지로 퍼낸 자리에는
물웅덩이가 생기고 땀방울이 고입니다
얼마나 헛손질을 더 해야 하는지
이내 모레성은 무너져 내리고
등이 보일 세라 조개들은 모레더미 속으로
꼭꼭 숨어 들어갑니다
코로나가 기승 부리고
미사일이 하늘 날고
삶과 죽음이 상존하는 바닷가에서
할아버지와 손자는 손길이 바빠집니다
이따금 오가는 눈길이 하늘을 향하고
하나 둘, 셋 넷 건져 올린 뭇 생명

바구니는 고즈넉한 햇살로 채워집니다
파도가 밀려오고 밀려가는 바닷가에
끼룩끼룩 괭이갈매기 떼 날고
깃털과 함께 작은 평화가 찾아옵니다

비화 飛火

먼 나라에서 화마火魔가 번져갈 때
이웃집 불구경하듯 그러려니 했다
꽃불이 날아다닌다는 말은 들었지만
이웃 경상도 산마을 이곳저곳에서
불씨가 살아 이 산 저 산
옮겨 다니며 불 질러댈 때는
이건 아닌데 아니라고 머리 저었다
어두운 밤 세찬 강풍이 불어대고
산자락에서 능선으로 불길이 솟아
화마火魔에 휩싸이는가 싶더니
매캐한 연기와 불길이 날름거리고
성난 도깨비들이 이마에 횃불 달고
옮겨 다니며 희희낙락거리는 형국이란
유황불 속의 생지옥이었다
멀쩡한 입이 굳게 닫히고 말았다
아연실색啞然失色 허망하고 허퉁하다
노아시대 물로 거두어갔다고 하지만
이제 불로 쓸려간다 생각하니

땅에 발붙이고 땅 파먹고
살아간다는 것이 한 장 그림과 같다
호르록 불살라지는 한 폭의 그림

하늘이 사라져간다

길 잃었을 때
오갈 수 없어 주저앉아 올려본 하늘
하늘은 안내자이고 위로자였다
아파트 쉼터 의자에 앉아 하늘 본다
하릴없이 나와 앉아 하늘 보면
바람 지나고, 구름 지나는 자리
하얀 여백에 그림을 그린다
푸른 나무들이 키재기 하더니
아파트 성채城砦가 쑥쑥 자라더니
둥근 하늘이 기세에 위축되어
쪼그라들어 사라져가기 시작한다
하늘 올려다보는 일이
아파트에 사는 유일한 낙이었는데
그마저 시야에서 사라져버릴까
건물들에 갇혀버린다는
폐쇄공포증으로 가슴이 두근거린다
어느 날 아버지, 형님, 어머니 가시고
가을나무 되어 겨울 기다리고 있다

이러다 손바닥하늘마저 잃어가고
고아 되고 미아 되는 것은 아닌지
캄캄한 밤하늘 행성 따라가면
이 한 몸 쉴 곳은 있는지
시냇물 졸졸 흐르고
꿀벌 잉잉대는 과원果園에서
양팔 벌리고 내달릴 수 있는 하늘이
하늘이 아득하고 멀기만 하다

드라이플라워

모두 숨죽이는 고요한 밤
이따금 간호사 발자국 소리가
병실 고요와 적막을 깨뜨린다
침상 위 거꾸로 걸린 꽃다발이
환자를 가만히 내려다본다
언제 꺾여 걸렸을까
몸에 지닌 수분 모두 토해내고
바싹 마른 창백한 얼굴로
갸름히 실눈 뜨고 있다
하얀 안개꽃 더미에
흑장미 세 송이가 맨얼굴이다
입술 바르지 않고 향기도 없다
삼 개월 전 화려하진 않았어도
수수하여 사람 냄새 난다 했는데
사형선고 내려진 뒤
일상은 무너지고 말았다
빠져나간 머리칼이며 묽은 피로
수액에 수혈까지 생명줄 이어도

막아낼 길이 없었다
마른 꽃 한 묶음이 위안이 되고
환자의 숨결이 가습기 되어
마른 꽃을 적시고 있다

백일장에서

일찍이 미당 이마에 얹힌 이슬이
핏방울로 번져 가을을 물들여가더니
질마재 시문학관에 노란 국화꽃으로 핀다
눈이 부시도록 이 좋은 날에
강원도 속초에서, 아랫녘 해남에서
서울 종로에서, 경상도 밀양에서
김제 들녘 만경의 문사文士들이 모여
부싯돌로 닦아온 시혼詩魂을 켠다
미당이 어슬렁거리는 울타리 안에
건질 것이 무에 남아 있다고
저리들 싸매고 궁싯거리고 있을까
구름마저 비껴간 가을하늘 아래
땅바닥에 주저앉고, 엎드리고, 등 대고
줄그어진 종이 한 장 달랑 들고
연필에 침 발라 맨 하늘 바라보면
홍시감이 덜렁 떨어진다는 것인지
꼬부랑 할머니가 꼬부랑 넘어 가시고
이 빠진 아이들이 깔깔깔 웃어대는

질마재 고개 넘어 미당 마당에
친정부네 친일이네, 찬바람 불어
국화꽃 떨어져 동천冬天이 저물어 가고
미당지우기 한창인 계절인데도
아랑곳 아니 하고 국화꽃은 핀다
무관無冠의 문사文士들이 모여
이마에 노란 띠로 시혼을 이어간다

가는 날

봄바람 불고 꽃 피는 봄 말고
낙엽 지는 서늘한 가을이 좋겠다
장맛비 구름 보내고 말갛게 걷힌 하늘
고추잠자리 높이 나는 오후
가족과 사랑하는 이 불러놓고
사랑하오, 감사하오, 고마웠소 수인사하고
고왔던 이, 미운 오리까지
부끄러운 손 내밀어 용서를 청한다
머리 들어 높은 분께도 참회懺悔하며
마지막 신원伸冤 의탁한 뒤
가을날 흩날리는 은행잎 되고 싶다
그렇게 가오리다*
소리 없이 가오리다
작은 새 부리로 세상에 나와
연초록 색연필로 푸름 덧칠하고
이슬 내리고 찬바람 부는 날 물들어
한 잎 두 잎 그리 떨어지고 싶다
떨어져 밟히고 쓸려갈지라도

그리운 이로부터 잊혀갈지라도
노란 은행잎 헤픈 웃음으로
바람에 흔들려 휘날리듯이
노랗게 어둠 밝히며 소리 없이
그리 가오리다

* 신석정의 시 '임께서 부르시면'에서

가는 곳이 어디인지

찬바람 불고 이슬 내리더니
한여름 푸름으로 물들었던 이파리들이
빨갛게 노랗게 주황으로 변복變服한다
한 시절 싱싱함으로 하늘 채울 듯
수많은 이파리 달고 하늘 덮었다
이제 사명使命, 임무 마쳤다는 듯
바람에 날려 지상에 널브러진다
'어느 ᄀᆞ을 이른 ᄇᆞᄅᆞ매
이에 뎌에 뜨러딜 닙곤*'
모체母體에서 분리되어 떨어져 나간다
떨어진 자리마다 진물 흐르고
어린 것들은 곱게 물들어 떨어진다
'ᄒᆞᄃᆞᆫ 가지 나고 가논 곧 모ᄃᆞ론뎌*'
모체에 상처 내고 나온 이파리들이
태어났으면 한 세상 함께할 일이지
나고 가는 비밀 하늘에 물어도
알 수 없는 비의秘義가 된다
바람에 날려 어디로 가는 것인지

떨어져 어느 곳으로 간다는 것인지
흙이 되고 물 되어 천길 땅 밑 흐르다
구천九天 하늘로 비상하려는가?
하늘가 맴돌다가 하늘 뒤덮는
푸른 꿈 꾸고 있는가?
소리 없이 낙엽이 지고 있다,

* 신라 월명사의 제망매가(祭亡妹歌)에서
  어느 가을 이른 바람에 여기저기에 떨어지는 잎처럼
* 같은 나뭇가지에서 나고 가는 곳을 모르겠구나

양심

살아가다 보면
가는 길에 바위가 가로막고
험준한 산이 버티고 있을 때 있다
거인 골리앗과 맞닥뜨릴지라도
씩씩거리며 달려드는 황소 앞에서도
굶주린 사자가 어슬렁거리는
먼지 이는 광장에 내몰릴 때에도
믿음의 충직한 아들 베드로
절체절명 위기의 순간에서도
십자가에 거꾸로 불태워질 때에도
물러서지 않고 당당히 맞섰다
나와 내가 만날 때
슬며시 고개 드는 악마의 불길이
나를 달콤하게 태워
주저 앉게 만들고 절망케 한다
진실로 내가 나와 마주할 때
깊은 곳에서 들려오는 심연의 소리
'물러서면 아니 된다'

제5부

바퀴는 굴러간다

바퀴는 굴러간다

바퀴가 둥글게 굴러가면
시간이 쌓이고 역사를 이룬다
우주에서 튕겨 나온 태양과 달
모나지 아니한 둥글납작한 돌멩이
얼굴과 눈과 코와 입
굴러가는 굴렁쇠 달구지 수레바퀴
제자리 서지 못하고 데굴데굴 구른다
얼마나 달리고 싶어 했을까
해가 기울어가는 지평선 너머로
파도 밀려오는 수평선 너머로
그리움이 담긴 하늘가 어딘가로
먼 길 떠나신 아버지와 어머니
밤 이슥토록 물레와 바퀴 돌려도
물 한 방울 담기지 않은 빈 두레박
고단한 삶의 언저리에 한숨이 고인다
땅이 갈라지고 포성이 지축을 울려도
어김없이 시간 가고 역사는 저무는데
바퀴는 어디론가 굴러가고 있다

끝은 벼랑이고 어둠일지라도
바퀴를 보면 돌리고 싶고
굴리고 싶은 욕망으로 가득 찬다

산

산을 본다
눈 뜨고 산을 내다본다
가까이 보였다가 멀리 보인다
산이 움직인다, 돌아다닌다
하나가 둘, 셋으로, 천산, 만산으로
언제나 그 자리 운명처럼 서 있다

산에 오른다
가벼운 발걸음으로 산에 오른다
물소리, 바람소리, 새소리가 정겹다
향수를 뿌려놓은 듯 산 내음이 산드럽다
몸이 무거워지고 땀방울이 흐른다
산은 고독 수행의 길이다

산을 품는다
가만히 산을 안아본다
안으로, 가슴으로 쏘옥 들어온다
알을 낳고, 돌을 낳고, 생각을 낳는다

일찍이 산이었던 것을
산이 나였던 것을 몸으로 품는다

오로라

손을 뻗어 올려보아도
'여신의 드레스'*는 보이지 않더이다
폭우가 내려 물바다로 아우성이고
가뭄 지진으로 버석버석 갈라지는 대지에
삿된 욕심 욕망으로 화약이 터지고
산하는 불바다 되어 잿더미로 남더이다
밀리고 밀려 땅 끝 마을 얼음산까지
이제 우리가 설 땅이 어디니이까
날은 어두워가고 구름이 빠르게 지나도
당신의 푸른 옷자락은 보이지 않더이다
손 내리고 웅크리고 앉아 스쳐가기를
한 번쯤 스쳐가기를 간절히 빌더이다
잠든 눈 뜨게 하여 주소서
마른 손 붙잡아 주소서 할 때쯤
날름거리며 길게 드리운 푸른 커튼*
오직 당신이 내려 주시고 만들어 주신
이 땅의 영화榮華 부스러기 영욕榮辱을
헛되고 헛되도다 거두어 가는 손길을

빨려가는 혼령으로 붉게 물든 저녁노을
지상의 푸른 영혼 거두어 가는 당신
폭삭 망할 세상에 한 가닥 희망이듯
푸른 머리채 잡아 이끌어 가는 당신

* 여신의 드레스, 푸른 커튼 : 오로라

시베리아 호랑이

호랑이 찾아 숲으로 들어간 사내
시선 피해 자작나무 숲에 몸 숨긴 왕대*
용의 등뼈*를 넘나들며 사라지는 짐승
지리산 네 배 영역을 누비는 간 큰 놈
내딛으면 13cm 스탬프를 찍는 왕발
은밀히 다가서는 접근술과 인내력이
깊은 숲속을 말없이 평정平靜한다
그만의 감각으로 닭살 돋게 하는 위용
멀찍이 서 있어도 심장을 관통한다
숲속 어딘가에 몸 숨기고
은밀히 바라보고 있다는 생각이 들 때
머리끝이 서고 한기가 온몸에 파고든다
그를 볼 수 없지만 그는 나를 보고 있다
죽음이 가까이 다가올 때
소름이 돋아 오르듯이 미세한 감각
마디마디 촉수마다 등불 달고 날이 선다
홀로 살아가는 시베리아 수컷 호랑이
사슴과 멧돼지 목뼈를 단번에 부러뜨리고

숨통 물어 한순간 질식시키는 본능
그에게도 넘어서는 안 되는 선이 있다
제아무리 굶주려도 그의 지문에는
인간과 인간의 소유는 피해야 한다는
그가 영리하게 살아가는 하늘의 지혜다
시베리아 숲 삼림지대에는
왕대*의 영역과 인간의 영역이 있다

* 왕대 : 시베리아 지역을 지배하는 수컷 호랑이
* 용의 등뼈 : 시베리아 라조자연보호구역의 시호테알린 산맥

히말라야

히잉 히잉
웃음소리인지 울음소리인지
하늘에서 들려오는 낭자한 웃음소리
하얀 말이 날아다니는 히말라야가
소리 없이 부른다
열네 날개 달고 이 봉 저 봉우리
설산雪山의 말들이 날아다닌다
푼힐 전망대 앞에 선 안나푸르나
가파른 능선으로 굽이쳐
제 등 꼭꼭 숨긴 채 보이지 않고
나 잡으라는 듯 술래잡기 하잔다
깊고 푸른 바다 속에서
질곡의 어둠 박차고 당차게 선 위용
솟아오른 용맹이 하늘을 뒤덮는다
'그대가 거기 있어 산을 오른다'는
산 사람들
발자국 남기지 못하고 불귀의 영혼들이
말이 되어 떠도는 것인가

사무치게 그리운 것들을
부패되지 않는 빙하에 숨겨두고
설산雪山 오르다 산화한 영혼들
깨어 부활의 산행 이루어질 것인가
이 산 저 산 깃발 세울 자 있는가?
말의 울음소리가 맑은 하늘 채우고
홀로 외로운 산은 침묵한다

안나푸르나

일찍이 사모하여 가슴앓이하다
푼힐*에서 이른 새벽 너를 만났다
지상에서 가장 아름다운 여인 안나여!
푸르게 수줍어 웅크린 듯
순백의 면사포를 쓴 설산의 자태가
너를 품고 그늘에서 짝사랑을 한 나
이제 산이 되고 구름이고 하늘이다
무심히 너를 바라보고 있노라니
팔딱팔딱 심장이 뛰는 한 마리 작은 새
바람 안고 날게 펴고 하늘 날지 않아도
이리 살아 있다는 것이
너의 형상 눈으로 더듬어 갈 수 있음이
솟아오르는 돌이 되고 산이 된다

해질녘 포카라에서 카트만두에 이르는
천상의 길에서 보여준
신랑 앞에 드러낸 신부의 나신裸身이었다
연분홍으로 물결친 봉긋이 솟아오른 젖가슴

흘러내린 계곡에 이르기까지
신랑은 눈 감고 숨마저 쉴 수 없었다
손 닿으면 금시 녹아 사라지는 눈사람
히야 히야 엉덩이에 박차拍車를 가하면
순간 날아 가버릴 것만 같은 고귀한 순결
잡을 수 없고 붙들 수 없음이
눈 뜨고 살아 있음을 절망케 한다
비행기 창에 붉은 피를 뿌려
발갛게 발갛게 설산이 물들어 간다

* 푼힐 : 안나푸르나를 바라볼 수 있는 3,210m 전망대

오체투지

전생의 업業이 험하고 무거워
버러지로 살고자 버둥거리는가
서서 가도 삼만 리 끝없는 길
꿈틀꿈틀 땅바닥으로 하늘 길 간다
태양이 지그시 내려다보고
자벌레는 제 몸으로 갈 길을 재며
황톳길 지나 너덜지대 지나
산모퉁이 비껴 설산을 바라본다
하늘에서 저 높은 곳에서
잠언箴言이 들리는데 듣지 못하고
무릎, 팔, 배, 가슴, 머리
맨땅 훑으며 고행 길을 간다
데굴데굴 한 번 굴리면 한 생
내던져 두 동강이 나면 두 생
흙바람 날려 황사 내리는 길을
한 대접 눈물로 대신할 것인가
남루襤褸한 몸뚱이로 가는 길
길은 멀고 아득하기만 하다

곧게 세웠다가 엎드렸다
꾸물꾸물 허리로 가는 길
몸이 닳아 뭉그러지고 사라져도
희미한 빛으로 가야 하는 길
수도자는 길 위에 있다

번지점프

기 쓰고 오르는 일에 목숨 걸다가
뉴질랜드 카와라우 번지점프대에 올라
하늘 올려보고 시퍼런 강물 내려본다
깊은 숨 들이쉬고 먼 산 둘러보고
허접스런 몸 허공에 내던지는 일이라며
점프대 끝에 가까스로 다가선다
시야가 온통 하얗다
보이는 것이 바람이고 하늘이다
묶인 발목이 시리고 심장이 조여 온다
오르는 일이 하늘 향하는 계단이라면
내리는 것은 지옥으로 가는 길이다
되는 일 없어 일상 죽어야지 하면서도
거푸집 하나 홀랑 벗어버리지 못하고
생의 작은 끄나풀 붙들고 전전긍긍한다
피가 멈춘 묵직한 돌멩이 하나
50m 지점에서 사정없이 허공에 던진다
푸른 하늘 시퍼런 강물이 맞닿은
어간에 머무를 처소가 마련되어 있고

거꾸로 오르내림에 자유가 있음을
물인 듯, 몸 인 듯, 하늘인 듯
돌멩이에 피가 흐르고 있다는 것을
검붉은 심장소리만이 살아있음을

불일폭포에서

쌍계사 등 너머 잊어버리고 가면
길 끝에 하얀 물기둥이 버티고 있다
조심조심 가까이 다가서기 위해
속세와 불사佛寺 육계肉界 건너
돌계단 길 능선 타고 계곡으로
조심조심 발걸음 재촉한다
떠도는 구름인가 물안개인가
한여름 하늘에서 눈발이 흩날리니
수염발인 듯 매운 채찍인 듯
차가운 서릿발이 온몸 휘감는다
하늘 올려다보니 신선은 간 곳 없고
쏟아지는 물줄기 소리 증폭되어
죄 없는 구도자를 사정없이 꾸짖는다
남의 소유 욕심낸 일 없고
미색에 홀려 침 흘린 일 없고
없다 없다고 항변하니
헛된 것에 빠져 미혹되어 왔으니
물맛이나 보고 가라 차디찬 물

높은 곳에서 물동이로 퍼붓는다
겨우 몸 추스르고 눈 뜨니
하얀 물기둥이 들어오라 손짓한다
하늘은 멀고 아득하기만 한데

천년송 千年松

우와! 와송瓦松 거기 있었네
지리산 뱀사골 와운마을에 우뚝 서
오랜 세월에 맞서 산 지키는 산신령
천 가지 비바람에 부러지거나 꺾이지 않고
그 기상 그대로 청정淸淨 정정貞靜하구나
누구의 기둥 되고 지붕 되고 집이 되어
지나는 세월 무쌍히 가늠하며
눈 뜨고 오백 년 눈 감고 오백 년
하늘 아래 뿌리 내린 생명 중 으뜸이라
내 너를 만나 슬며시 안아 보니
한 쪽 가슴 쿵 내려앉는 듯 비어온다
용비늘 철갑으로 칭칭 감싼 몸뚱이
두 팔 벌려 안아보고 얼굴 부빈다
한참이나 어린 아우 품에 안겨 온다
칠십오 년 이산離散 피붙이 만나듯
얼럴러 얼싸안고 춤이라도 추자구나
이리 보아도 저리 보아도
흙에 뿌리내리고 우뚝 선 선비 아닌가

얽히고 맺힌 한恨 풀어 바람에 날리고
하늘에 엎드려 고축告祝하는데
동강난 이 땅도 하나 되게 하소서
원수로 서지 말고 형제로 살게 하소서
다시 안아 보니 이리도 좋은데
푸르게 푸르게 천년만년 살자꾸나

담쟁이

붉은 담벼락에 푸른 옷 입고
스크럼으로 기치 올리는 무성함
담쟁이들이 시위를 한다
갑오년인가, 녹두장군과 함께 한 민초들의
아우성인가, 피맺힌 절규絕叫인가
이유 없이, 영문도 모르고
코로나로 죽어간 영혼들을 위하여
이름 없이 민주民主 이름으로 산화한
눈 뜬 수많은 영령들을 위하여
마른 손과 어깨를 떨어뜨린 채
죽창을 거머쥐고 부르짖는다
저들에게도 푸르고 젊은 날이 있었다
밥상에 둘러앉아 밥을 나눌 때가 있었다
피 토하며 토로吐露하던 날들이 있었다
손 저으며 아니라고 할 때도 있었다
붉은 담벼락에 붙어 붉어가는 얼굴로
마지못해 가을을 작별이나 하듯
한 잎 한 잎 떨구면서 시위를 한다

찬바람 불고 눈 내리면
알몸뚱이로 동안거에 들어가야 한다
다가올 새 봄 위하여 눈 감은 채
벌겋게 달아오른 정렬의 투사들
푸른 내일을 꿈꾸는 담쟁이

밤꽃

밤꽃이 찾아오는 유월에는
잠 못 이루고 지새우는 날이 있다
살랑살랑 여우바람에 달까지 밝은 밤
허연 이 드러내고 흐벅지게 웃어대는
별만큼이나 많은 밤꽃 숭어리들이
쪽잠마저 몰아내고
아예 수캐를 만드는 날이 있다
모두 잠든 밤에 잠 못 이루고
먹을 것 찾아 이 고샅 저 고샅
기웃거리는 야리야리한 눈동자
일철 고된 농사일에도
말똥말똥 대가리 들고 숨 가삐
헐떡이는 기다란 짐승
머리를 톡톡 건드리면
매캐하게 퍼지는 그윽한 향기
손가락 별꽃 밤꽃으로
아픈 가슴 슬슬 문질러대면
싸하게 번져오는 숫 밤의 정액

밤꽃이 찾아오는 유월에는
밤에 취하고, 별들에 취하고
뿌려놓은 비린 향기에 취해
잠 못 이루고 지새우는 날이 있다

연리지 連理枝

경상도 함양 땅
고운孤雲 선생이 조림했다는 상림공원
나무들이 천년마을을 이루어
근본이 다르고 족보가 달라
만날 수 없는 이들이 부부로 살아간다
천년 느티나무와 개서어나무다
둥글둥글 둥글어 하나되기 어려운데
제 몸 가운데 까칠한 기둥 세워놓고
아무렇지 않다는 듯 푸름만 더해간다
정들어도 나이 들면 나누어지기 마련
비바람 불고, 눈 날리기 시작하면
제 한 몸 건사하기 버거운데
천생연분 인연 맺어 잘도 살아간다
멀리서 아픈 소식 들려올지라도
땅 갈라지고 매정 없이 흔들릴 때에도
허연 실뿌리 더듬더듬 바위 붙잡고
노파老婆들이 서로에게 의지한다
오가는 말조차 거칠어지기 일쑤인데

맨살 부비며 살아가는 넉살 좋은 부부
가던 길 멈추고 보고 또 올려보며
거참! 부럽네 신통하네

독일마을에서

남쪽 끝에 독일마을이 있다기에
예삿일 재껴두고 헐레벌떡 찾아갔다
남해바다가 환히 내려다보이는 언덕
옹기종기 동화 속 붉은 기와집들이
그리운 그림처럼 그려져 있다
1960년대 허리띠 졸라매고
작두샘으로 배 채우던 시절
건장한 젊은이와 꿈 많은 소녀들이
이역만리 독일로 날품 팔러 갔다지
두고 온 부모와 형제들 보고 싶어
눈물로 울고 가슴으로 울고
옷자락 젖어 마를 날이 없었다지
외로움에 서로 부부가 되어주고
눈 푸른 사람들과도 짝을 이루고
그렇게 남자와 여자로 만나
동화 속 그림같이 살았다는데
30년인가 40년인가 세월 지나
살 만하니 태어난 근본이 그리운지라

여우도 고향에 머리 두르고
연어도 모천에 돌아온다 하였는데
남쪽 바다가 보이는 언덕에
그림 같은 집 짓고 보금자리 만들어
남은 세상 재미나게 살아간다지
고향에서 천년만년 살고지고

바보 예수*

바보일 만큼 착한 예수인데
눈물 흘리며 허공 응시하는 예수
매캐한 최루탄 냄새로 가득한 거리에서
민주주의 지키기 위해 외치는 학생들
방패 들고 대치하고 있는 의무경찰
이러지도 저러지도 못하고
어정쩡하게 서 있는 한 사람
퇴근길에 울고 있는 예수를 보았다
제자와 경찰 사이에서 편들지 못하고
연구실로 되돌아와 사정없이
울고 있는 예수를 그렸다 한다
그림이 된 예수, 바보 예수
어디 바보 예수가 한 둘이랴
종합병원 응급실 앞 복도에서
소리 없이 어깨 들썩이며 우는 아낙
지진 흙더미 속에서 꺼낸
작은 생명 끌어안고 울부짖는 아비
이스라엘 하마스 분쟁에서

무참히 도륙屠戮되어가는 백성들
전지전능全知全能 예수는 어디 계신가
지금 살아계시기나 한 것인가
오늘도 말없이 침묵하고 계시는
커다란 눈을 가진 예수님
우리들의 예수님, 오늘의 예수님
'바보 예수' 되었나 보다

* 남원시립 김병종미술관에 전시된 작품

서포 김만중

남해 섬에서 서포 김만중 만났다
가는 눈매의 날카로운 초상화가
지조와 절개로 기품 있는
조선 선비였음을 귀띔해준다
애비 없이 유복자로 태어나
어머니로 두 형제가 남부럽잖게 자라
나라 세우는 별이 되는가 싶더니
거미줄에 걸려 귀양길에 나선다
한양에서 남쪽 끝 남해 유배길
소달구지 함거에서 얼마나 자탄했던가
죽고자 하는 자 산다 하였는데
늙은 어미 혼자 두고 유배 가는 심사
애비 없는 후레자식 될까
지극정성 피 마르게 기른 두 형제
정성이 헛되지 않고 하늘에 닿아
홀로 계신 어머니 위로하기 위해
'사씨남정기'와 '구운몽' 썼다는데
죽어가던 인현왕후가 되살아나고

성진이 다시 깨어난다는 얘기들이
남해 바닷가 밤하늘 별로 뜬다
돌무더기 섬 남해가 무에 좋다고
그것도 두 번씩이나 내려왔다 하니
남해 섬 하늘에 어머니별이 뜨고
두 아들 만기 만중의 별이 뜨겠다

황소*

눈 감고 앉아 되새김질이나 할 일이지
머리에 김이 날 정도 화가 났을까?
무엇이 그로 하여 뿔 돋게 하였을까?
씩씩거리는 소가 달려들어 떠넘길 기세다
담배갑 속지 은지에 그린 은지화*가
퇴폐적인 춘화春畫로 전락되어
전시회는 바람결로 날라 가고
사랑하는 아내와 아들 만나기 위한
소박한 꿈마저 사라진 소는 소가 아니었다
손끝에서 뿜어져 나온 분노 열정이
생명 되어 선명하게 화판에 새겨졌다
입 벌린 커다란 눈망울 가진
부르르 몸 떨며 고개 든 사내가
세상 집어삼킬 듯 응시하고 있다
거친 붓자국, 붉은 색감 걷어내면
순박한 눈망울의 친근한 황소다
부유한 외가에서 유년시절 보내고
일본 유학에서 아내* 만나 두 아들 두고

가난했지만 한때 행복을 누린 소
'황소, 덤벼드는 소, 싸우는 소, 피 흘리는 소
서 있는 소, 늙고 마른 소, 흰 소,' 남기고
몸서리친 가난, 그리움과 사랑인 채
바람결 워낭소리 함께 사라져갔다
펄떡이는 소의 맥박소리가 걸어온다

* 화가 이중섭의 1953년 작품
　* 죽은 아들 애도하기 위해 벌거벗은 아이들을 그린 '군동화群童話'가 문제가 됨
　* 도쿄문화학원 후배 야마모토 마사코, 한국명 이남덕

똥이 달다

어찌나 부시딱딱거리고 다녔는지
지나는 발길에 바람소리가 난다
저울에 올라 무게중심 잡으랴
맨손체조에서 물구나무서기까지
넘어지지 않는 것이 다행이다
손과 발에서 달기똥* 냄새가 난다

한 몸 놔두어도 될 일인데
무엇이 용서가 되지 않는다고
길이란 길은 걸어야 직성이 풀리고
사람 사는 마을엔 가 보아야 하고
그 많은 나라 죄다 가 보아야 하니
몸살 나지 않고 배길 수 있겠는가

한 생각 접어두어도 되련만
시답잖은 시를 쓴다 궁싯거리고
돈이나 밥이 되지 않는 글을 두고
나오지 않는 머리 쥐어짜대니

머리가 아프고 생머리 빠진다
멍 때리고 하품이라도 좋을 때다

어찌나 팽이 돌듯 돌아다녔는지
뱃속에 담긴 내장의 내용물이
본래의 형상 찾기 위해 비명이다
이리 저리 치이고 나둥그러지고
비벼 달짝지근한 달기똥 된다
똥이 달다, 달달할 수밖에

* 닭의 똥

반성문

메에헤 메에헤 경고음이 울린다
쇠북이 되어 경종警鐘이 되지 못해
무시로 들려오는 소리
흑염소 보양탕집 탕 속의 수육 한 점
초장에 찍으며 반성문 쓴다
기력이 쇠잔하여 쓰러져갈 때
찾아와 몸 일으켜 세워준 흑염소
뿔과 듬직한 발등을 잊지 못한다
험준한 능선 바위에 우뚝 선 위용
뛰고 달려야 할 꿈과 자유 유보한 채
젊음마저 송두리 째 접어버리고
다순 국물이 되어준 흑염소
핏방울 튀는 검은 심장이
연분홍 심장에 들어와 살았는데
수육 한 점으로 다시 찾아와
나무젓가락으로 쇠북을 울린다
한 목숨 건사하기 위해 이어온 삶
따뜻한 연탄 한 장 되어주지 못하고

버팀목으로 서지 못한 채
지수화풍地水火風으로 돌아가야 될 몸
텁텁한 입에 수육 한 점 씹으며
흑염소 앞에서 반성문 쓴다
지금도 귓전에 경종警鐘이 울린다
하늘에서 들려오는 소리
메에헤 메에헤 메에헤

생각해 볼 일

한 생生이
봄 여름 가을 겨울로 순행하다
시간이 거슬러가기 시작한다
집 지키는 날 늘어가고
해 뜨는가 싶더니 이내 저물고
음식물 자주 흘리고
물건 찾는 데 허둥대고
옷들이 헐렁해지기 시작하고
국물이 떨어져 얼룩이 진다
침 흘리거나 코고는 횟수 늘어나고
화장실 들락거려도 시원찮고
옷깃이 뒤집어지기 시작하고
넘어진다거나 중심잡기 힘들고
잊어 놓쳐버리는 것들이 많아지고
나쁜 일들이 먼저 생각나고
짜증내는 횟수 많아지고
지나칠 수 있는 일에 화를 내고
참아도 될 일 기다리지 못하고

잔소리 늘어나 말참견 하게 되고
질 줄 모르고 매사 이기려 들고
고집에 남의 속 뒤집어 놓고
목소리 커지기 시작하면
떨어지는 나뭇잎같이
흙과 가까워지고 있다는 것을

해설

해설

겸허한 성찰과 순명順命의 미학

복효근(시인)

이승에서
제구실
제대로
못했다 생각하니

다음 생에서
느티나무 아래
그늘 되거나
지나는 바람 될지니

― 〈서시〉「바람이 될지니」 전문

1. 대승적으로 열린 시 세계

　시인 김영진이 이번 시집에 담고자 하는 시적 아우라는 그의 〈서시〉「바람이 될지니」에 어느 정도 함축되어 있다고 본다. 과거 회상시제로 표현되는 성찰과 회한이 그 하나이고 미래 시제로 표현되는 다짐과 의지와 소망이 다른 그 하나다. 물론 여러 시편에 또 다른 메시지가 있을 수 있으나 대개는 앞에 말한 이 두 가지에 동류항으로 묶일 수 있는 것들이다.
　이번 시집에는 우선, 회고의 시편들이 많이 포함되어 있다. 앞에서, 회한이라 했으나 과거에 대한 구차한 미련이나 이루지 못한 것에 대한 감상어린 안타까움, 세속적인 원망과 자기변명과는 뚜렷하게 구분된다. 누구보다 맑은 시심을 가지고 시를 추구해왔으며 교육자로서 후학 양성에 최선을 다해왔으며 신실한 신앙인으로 박애 정신을 실천해온 자로서, 한 생애를 돌아보는 다소 정제整齊된 겸손의 자기 성찰이라고 해야 옳을 것이다. 삶의 7부 능선을 넘어가는 즈음에서 자신의 과거를 돌아보는 것은 인지상정일 것이나 많은 이들이 자신의 과오까지를 미화하고 합리화하는 세태 속에서 시인은 겸허한 태도로 자신을 낮추고 있음을 본다. "이승에서/ 제구실/ 제대로/ 못했다 생각하"는 것은 드높고 드맑은 이상을 가진 자만이 취할 수 있는 겸손의 태도이다.

다음으로 미래에 대한 시인의 태도와 자세를 엿볼 수 있다. 〈서시〉에서 이것은 잘 나타난다. 물론 시인은 "다음 생"이라 표현은 하고 있으나 이를 넓은 의미로 해석해야 한다. 생을 다한 다음에 이어지는 다음 생이라는 의미도 없지 않겠으나 지금 이 순간 다음에 펼쳐지는 삶도 '다음 생'으로 해석해야 시적인 함의가 더 깊게 해석될 수 있다. 후회와 회한으로만 맺어지는 시라면 허무주의로 읽히거나 값싼 동정심만을 불러일으키는 데 그친다. 그러나 시집 전체를 관통하는 시인의 성찰은 더 높고 빛나는 미래를 향해 새로이 눈을 열어가는 데에 이어진다. 바로 〈서시〉에서도 보듯이 과거에 대한 성찰을 통해 시인은 미래의 그 무엇이 되고자 한다. 여기에 시인의 지향점과 시 세계가 드러나는 것이다. 누군가의 그늘이 되고 시원한 바람이 되고 싶다는 시인의 소망은 소아적인 좁은 의미로 해석되지 않는다. 고통 받는 이들을 위한 소망이라 했을 때 이는 대승적인 발원이라고 하겠다. 그런 의미에 비춰볼 때 이번 시집의 한 축을 이루고 있는 회한 또한 더 크고 넓은 사랑을 실천하지 못했음을 아쉬워하는 대승적 의미로 해석해 볼 수 있을 것이다. 이 두 가지 요소는 동전의 양면처럼 시인의 시 세계를 살펴보는 두 축이 될 것이다.

2. 검허한 자아성찰

저잣거리에서 흔히 하는 말 가운데 "너 늙어 봤니? 난 늙어 봤다."라는 말이 있다. 가벼운 듯한 이 말은 무시하기 어려운 무게가 있다. 젊은 시절 오랜 방황과 시행착오와 갖은 곡절과 경험을 통과하여 노년기에 이르러 얻은 통찰과 깨달음은 불가역적이고 보편적 진리에 가깝다. 그야말로 나이 들어 보지 못한 젊은이에게는 가능하지 않은 경지라고 하겠다.

> 살가운 능선稜線 가벼이 오르다가
> 버겁고 힘들고 숨 가쁠 때 있다
> 되돌아보면 바람이고 구름이던 것을
> 삭이지 못하고 터덜대고 주저앉는다
> 정상 향해 우직하게 오르다가도
> 숲길에 들어서면 길은 희미해지고
> 새소리 바람소리 물소리 산그늘에 묻혀

내가 오르는 건지 산이 올라가는 것인지
가물가물 아득히 혼미해질 때쯤
하늘에서 구원의 종소리가 들려온다
휘~ 한 숨 돌리고 먼 산 둘러본다
발아래 깃발 단단히 꽂아야 된다고
오래 간직한 옥합玉盒 깨뜨려야 한다고
몸 가누며 가파른 능선 다시 오른다
배낭 들쳐 매고 무겁게 내딛는 길
걸어온 흔적마저 하나씩 지워가며
자벌레 몸짓으로 더듬어가는 오체투지
손과 발이 닳아 바위로 굴러간대도
몸뚱이 산화散華되어 저녁노을 된대도
애간장 녹아내린 시냇물로 흐를지라도
머리 들어 하늘 보고 간절히 기도한다
정상頂上에 내가 오르는 것이 아니고
등 내주어 업혀 오르는 것이라고
철들어서야 지나는 구름 바라보니
아래 어디쯤 정상이 보이는 듯하다
-「7부능선 지나며」전문

산행山行에 비유하자면 시인은 이제 7부 능선을 넘는

다. 젊은 날에는 가파른 사면마저도 살갑게 느껴지고 가볍게 정상을 향하여 우직하게 올랐다. 이젠 버겁고 힘들고 숨 가쁘다. 길은 희미해지고 "내가 오르는 건지 산이 올라가는 것인지/ 가물가물 아득히 혼미해"진다. 그런데 이때 "하늘에서 구원의 종소리가 들려온다." 지나온 지난하고 가파른 산행의 과정이 없었다면 어찌 하늘에서 들려오는 구원의 종소리를 들을 수 있었을 것인가? 비로소 "휘~ 한 숨 돌리고 먼 산 둘러본다." 앞만 보고 달려온 시간이었지만 이제 먼 산도 바라볼 여유가 생겼다. 내 자신을 멀리서 바라볼 수도 있게 되었다. 자신을 객관화할 수 있는 시력이 생겼다는 말이겠다. 여기서 시인은 소중한, 참으로 소중한 깨달음을 얻기에 이른다. "발 아래 깃발 단단히 꽂아야 된다고/오래 간직한 옥합玉盒 깨뜨려야 한다"는 그것이다. 현실, 지금 여기다. 옥합처럼 오래 간직한 이념이나 고정관념과 신화같이 낡은 신념을 과감하게 깨트리고 한 발 내디딜 때마다 새로이 태어나는 것이다. 그리고 처음처럼 이전보다 더 조신하며 "몸 가누며 가파른 능선 다시 오른다." 이제 기도의 시간이 남았다. "머리 들어 하늘 보고 간절히 기도한다." 이 기도는 "손과 발이 닳아 바위로 굴러간대도/ 몸뚱이 산화散華되어 저녁노을 된대도/ 애간장 녹아내린 시냇물로 흐를지라도" "걸어온 흔적마저 하나씩 지워가며/ 자벌레 몸짓으로 더듬어가는 오체투지"다. 인간이 취할 수 있는 가장 낮은 자세로 절대자 앞에 서는 모습이 오체투지다. 7부 능선까지 와보지 않은 자가 그 핍진하고 간절함을 알 수 있을까? 자신을 벌레의 위치까지 끌어내리는 겸허함으로 삶과 신과 우주를 만날 수 있을 것인가? "정상頂上에 내가 오르는 것이 아니고/ 등 내주어 업혀 오르는 것이라"는 역설적인 진실을 발견할 수 있을 것인가? 온전하게 자신을 내려놓는 이 겸허함 뒤에 '정상'이 "보이는 듯하다." 이 언술도 함축하는 바가 매우 의미심장하다. '정상이 보인다'라고 단정적인 표현을 하지 않았다. 조심스럽고 겸손한 표현임에 유의하자.

앞에서 시인이 살아온 삶의 여정을 산행에 비유한 시편을 살펴보았다. 그런가 하면 이번엔 자신을 "글 캐는 광부" 혹은 "두더지"에 비유하여 시인으로서의 정체성을 그려내고 있다.

  목숨 부지하기 위해 어두운 막장에서
  두더지는 생명을 캔다
  파내고 뒤집고 밀어내고 헤집어

한 몸 이루고 새끼들을 건사한다
심장 뛰게 하기 위해선 멈출 수 없다
깊이 숨어 기다리고 있을 광맥 찾아
제 몸 부수는 지난한 작업이 가상嘉尙하다
사는 것은 그냥 사는 것이 아니다
하루 한 날 영위하기 위해 몸부림치며
감아버린 눈으로 제 목숨 이어가고
어두운 지하문명을 꿈꾸는 두더지
글 익혀 글맥脈 찾아 나선 지 수 세월
시편이 구름조각으로 날아다니고
옷깃과 머리 스쳐도 붙잡을 수 없었다
하늘에 거미줄 촘촘히 쳐놓고 기다려도
이따금 신기루 나타났다 사라져간 오로라
시의 영감靈感으로 찬 이마 핏방울로
한 번쯤 떨어뜨릴 수 있으련만
그마저 단비는 오지 않았다
메마른 심장에 물길 대고
가난한 영혼 추스르기 위해 채탄부 된다
발톱이 길어지고 주둥이가 뾰족해진다
안테나 없이 감각의 작업이 고단하지만
어두운 막장에서 시커먼 보석 캐는

희미한 눈빛으로 다시 촉수를 올려본다
－「글 캐는 광부」 전문

이 시편에도 시인으로 살아온 과거의 회한이 짙게 묻어난다. "목숨 부지하기 위해 어두운 막장에서／ 두더지는 생명을 캔다." 시인도 다르지 않다. 지하에서 광맥을 캐는 채탄부와 같이 두더지가 목숨을 위해 굴을 판다면 "메마른 심장에 물길 대고／ 가난한 영혼 추스르기 위해" 시인은 채탄부처럼 글을 캔다. 영혼은 목숨과도 같은 것이어서 시인에게 주어진 운명과도 같은 것이다.

그러나 시는, 영혼을 담고 있는 시는 쉽게 찾아오지 않는다. "글 익혀 글맥脈 찾아 나선 지 수 세월／ 시편이 구름조각으로 날아다니고／ 옷깃과 머리 스쳐도 붙잡을 수 없었다／ 하늘에 거미줄 촘촘히 쳐놓고 기다려도／ 이따금 신기루 나타났다 사라져간 오로라／ 시의 영감靈感으로 찬 이마 핏방울로／ 한 번쯤 떨어뜨릴 수 있으련만／ 그마저 단비는 오지 않았다."고 술회한다. 멋진 피사체를 그대로 사진기에 담기만 해도 작품이 되고 풍경을 그대로 선과 색채로 옮겨놓기만 해도 명화일 수 있는데 의미의 예술인, 더구나 영혼을 담아내야 하는 시는 아무리 촉수를 세우고 붙잡으려 해도 신기루처럼 또는 오로라

처럼 나타났다 사라져 버린다. 바로 그러한 것이 시이기 때문에 참다운 시인이라면 오히려 더욱 분기하여 정진할 것이다. 누군가 "주먹 차돌멩이 마당가에 심어놓고/ 1년, 7년, 10년 그렇게 잊어버리고/ 물 주듯 조석으로 쌀뜨물 부어 주면/ 돌멩이 눈을 뜨고 보석이 된다 하여" 시인은 "50여 성상星霜 온갖 정성 기울였다." "정좌하였다 되돌아 앉기 여러 번/ 동굴에서 세월 먹고 자란 종유석 따다/ 거꾸로 잡고 한 글자씩 써내려갔다/ 바위에 새기듯 써내려온 시詩를/ 밥상 위 밥과 국그릇 사이에 놓고/ 위로와 위안이 되도록 기도했다."(「시 쓰기」) 차돌멩이가 눈을 뜨고 보석이 되길 바라고 매일 뜨물을 주듯, 종유석을 따다가 거꾸로 잡고 한 글자씩 새기듯 반백년을 시를 위해 정진해온 시인의 술회에 회한이 서려 있지 않을 수 없다. "아직도 찌든 때 벗겨지지 않았다." "허접스런 시편들이 쌓여가고 있다."는 표현이 그것이다.

그러나 다행히도 이 '회한'보다는 회한 이후에 오는 '영혼의 추스림'에 방점이 놓인다는 점을 우리는 알 수 있다. "돌아보니 그래도 꽝은 아니었는지/ 달무리 지듯 빛이 나기 시작했다/ 비바람 불고. 천둥 치는 날/ 돌멩이에 싹이 터 시詩가 자라난다."고 시인은 소회를 밝힌다. 우리는 "달무리 지듯 빛이 나기 시작했다" 이 문장에 주목한다. 특히 "시작했다"는 표현은 그의 오랜 정진이 무위로 끝나지 않았음을 암시한다. 희망의 발견이며 새로운 정진에의 다짐이라고 해석할 수 있다. 반백 년, 50년 성상의 세월 동안 7부 능선에서의 회한은 허무와는 다르다. 세속적 영광을 바라고 하는 일이 아니라 "가난한 영혼을 추스르는" 일이기 때문에 길은 아직 끝나지 않았다. "안테나 없이 감각의 작업이 고단하지만/ 어두운 막장에서 시키면 보석 캐는/ 희미한 눈빛으로 다시 촉수를 올려"보는 것이다.

시인의 수많은 시편에서 회한의 정서가 하나의 흐름으로 읽히는 것은 사실이나 분명한 것은 시인에게서 회한은 새로운 깨달음의 원천이며 삶을 승화시키는 동력이기도 하다는 것이다. 가령, 지금은 부재하신 어머니 아버지의 삶에서 짙은 그리움과 회한을 노래하고 있지만 시인은 그 회한 속에 깊은 사랑과 삶에 대한 더 너른 지평을 자신의 것으로 섭수攝受해 들인다.

시인은 또한 하얼빈역, 휴전선, 제주의 중산간, 이태원 등 역사적인, 역사적이 아니더라도 인간 삶의 애환이 서린 수많은 지역을 여행하면서 느낀 안타까움과 아픔과 슬픔, 그리움 등을 술회하는데 이는 회한이라는 감정과 동류항으로 묶일 수 있는 것들이다. 여기에 시인은 우리

사회와 역사, 동시대인들에 대한 핍진한 연민과 사랑, 진혼과 위로의 메시지를 담아놓았다.

바보일 만큼 착한 예수인데
눈물 흘리며 허공 응시하는 예수
매캐한 최루탄 냄새로 가득한 거리에서
민주주의 지키기 위해 외치는 학생들
방패 들고 대치하고 있는 의무경찰
이러지도 저러지도 못하고
어정쩡하게 서 있는 한 사람
퇴근길에 울고 있는 예수를 보았다
제자와 경찰 사이에서 편들지 못하고
연구실로 되돌아와 사정없이
울고 있는 예수를 그렸다 한다
그림이 된 예수, 바보 예수
어디 바보 예수가 한 둘이랴
종합병원 응급실 앞 복도에서
소리 없이 어깨 들썩이며 우는 아낙
지진 흙더미 속에서 꺼낸
작은 생명 끌어안고 울부짖는 아비
이스라엘 하마스 분쟁에서

무참히 도륙屠戮되어가는 백성들
전지전능全知全能 예수는 어디 계신가
지금 살아계시기나 한 것인가
오늘도 말없이 침묵하고 계시는
커다란 눈을 가진 예수님
우리들의 예수님, 오늘의 예수님
'바보 예수'* 되었나 보다

* 남원시립 김병종미술관에 전시된 작품
- 「바보 예수」 전문

  이 작품은 전시장에 걸려있는 미술작품을 보고 그 소회를 시로 쓴 것이다. 제목이 '바보예수'다. 다소 역설적인 제목이다. 살아가면서 한 번쯤은 신을 원망할 때가 있다. '신이 계시다면 정말 이런 일이, 이런 슬픔과 비극이 일어나게 내버려둘까?' 하는 회의와 원망이 찾아들 때가 있을 것이다. 화가도, 이 시를 쓴 시인도 신실한 신앙인이다. 그럼에도 약자들이 겪어야 하는 고통 앞에서 가슴이 저려와 원망 섞인 기도를 할 수밖에 없었으리라. "종합병원 응급실 앞 복도에서/ 소리 없이 어깨 들썩이며 우는 아낙/ 지진 흙더미 속에서 꺼낸/ 작은 생명 끌어안고 울부짖는 아비/ 이스라엘 하마스 분쟁에서/ 무참히 도륙屠戮되어가는 백성들" 신의 손길이 화급히, 절실하게 필요한 사람들이다. 그러나 "오늘도 말없이 침묵하고 계시는/ 커다란 눈을 가진 예수님", "지금 살아계시기나 한 것인가" 원망의 탄식이 나오지 않을 수 없다. 이 원망과 탄식은 시인의 시가 시인 스스로의 영혼을 추스르는 데 그치지 않고 더 크고 넓은 세계를 향해 대승적으로 열려있음을 뜻한다.

3. 순명順命의 미학

누구에게나 예외가 있을 수 없는 죽음은 물리적인 나이에 관계없이 모든 문학과 철학과 종교의 중심 주제라고 하겠다. 7부 능선을 넘어서는 시인에게도 사유의 중심축을 이루는 화두가 아닐 수 없다. 한 개인이 가지고 있는 죽음에 대한 인식은 그의 문학과 삶의 내용을 설명하는 주요한 단서이기도 하다. 그런 점에서 이번 시집에 나타난, 죽음을 바라보는 시인의 인식과 태도를 엿보는 것은 의미가 있다고 하겠다.

앞서 언급했듯이 젊은이에게도 죽음은 찾아올 수 있

으며 젊은이에게도 죽음에 대한 인식과 그 나름 죽음을 대하는 태도가 있을 수 있음은 물론이다. 그러나 삶의 원숙한 지점에 이르러 자신의 경험에서 추출되고 무르익은 사상에서 비롯된 죽음 인식은 젊은 날의 그것과 같을 수 없다. 충동적이며 종말론적이고 허무적인 인식과는 다른 인식과 태도를 시인에게서 읽는다.

> 백년이 되어가는 붉은 벽돌 건물
> 외벽 타고 곡예부리는 담쟁이
> 떨어질 듯 기우뚱 다시 기어오르고
> 오르는 듯 멈추어 그네를 탄다
> 사각 링 유리창 안, 한 모금 숨으로
> 부풀리었다 가라앉는 보푸라기 병실
> 묵은 침묵이 한숨 되어 잦아지고
> 무거운 눈꺼풀 열고 창살을 바라본다
> 생사가 갈리는 유리창 안과 밖
> 푸른 손길이 창백한 눈길로 이어지고
> 담쟁이 홀로 하늘길을 낸다
> 구원의 손가락이 뭉그러져 핏발이 서도
> 단단한 벽돌에 뿌리박아 길을 낸다
> 바람 지나는 수직 하늘 올려보며

가냘픈 몸에 수많은 이파리 달고
한 걸음씩 한 걸음씩
우직 발자국 찍으며 고난의 길 간다
기다란 등줄기에 뭇 생명 업고
외롭고 척박한 하늘길을 간다
　　　　　　－「하늘가는 길」 전문

　한동안 호스피스 병동에서 삶의 마지막에 이른 환자들을 돌보던 시인의 경험에서 얻은 사유가 펼쳐져 있다. "사각 링 유리창 안, 한 모금 숨으로/ 부풀리었다 가라앉는 보푸라기 병실/ 묵은 침묵이 한숨 되어 잦아지"는 공간이다. 여기에 죽음을 목전에 둔 환자와 동일시하는 방법으로 시상을 펼친다. 사각의 링이다. 사투를 벌인다. 그러나 승패는 이미 결정되어있다. 한 모금 숨만이 잦아드는 순간에 창밖을 바라본다. 벽을 타고 오르는 담쟁이덩굴이 보인다. 창밖 백 년이 넘는 "붉은 벽돌 건물/ 외벽 타고 곡예부리는 담쟁이/ 떨어질 듯 기우뚱 다시 기어오르고 /오르는 듯 멈추어 그네를 탄다." 떨어질 듯 다시 기어오르고 오르는 듯 또 멈춘다. 그렇게 하늘길을 오른다. 마지막 순간까지 도달하고자 하는 그곳은 하늘이다. "담쟁이 홀로 하늘길을 낸다/ 구원의 손가락이 뭉그러져 핏발이 서도/ 단단한 벽돌에 뿌리박아 길을 낸다/ 바람 지나는 수직 하늘 올려보며/ 가냘픈 몸에 수많은 이파리 달고/ 한 걸음씩 한 걸음씩/ 우직 발자국 찍으며 고난의 길 간다." 신앙인으로서 시인의 죽음에 대한 태도를 읽을 수 있는 대목이다. 신이 주재하는 공간, 자유와 평화가 가득한 그곳을 향해 생의 마지막 순간까지 사력을 다해 다가가고자 하는 소망의 표현으로 읽힌다. 삶은 죽음으로 끝나는 것이 아니라 저 높은 공간 영원한 시간으로 이어진다는 신념이 비추어진 것이리라. 그러기에 마지막 순간까지 "구원의 손가락이 뭉그러져 핏발이 서도" "한 걸음씩 한 걸음씩" "발자국 찍으며 고난의 길"을 가야 하는 것이다. "외롭고 적막"하지만 숨을 쉬며 사는 동안 최선을 다하여, 성실하게, 한 발짝 한 발짝 치열하게 살아가야 한다는 시인의 인생관과 소망이 투영된 것이라고 하겠다. 한 인간의 죽음관을 살펴보면 그가 살고자 했던, 살아왔던 삶의 내용도 함께 비춰지는 것을 본다.

호스피스 병동에서의 경험이 바탕이 되어 얻었음직한 시 한 편을 더 본다.

높은 곳으로부터 호명되기를

무작위로 차례 기다리는 사람들
낡아가는 병동 창틈으로 흐린 하늘 보며
기다리고 또 기다리는 이들이 있다
그리도 먹고 싶고
그리도 보고 싶고 하고 싶은 말들을
멀찌감치 밀쳐두고 눈으로 그린다
거푸집마저 사르기 위한 마지막 모습
거죽에 남아 있는 한 점 살과
서서히 식어가는 핏방울
비우고 태우며 어두운 길 가고 있다
한스럽다, 원망스럽다 한번쯤
하늘에 맨주먹이라도 날릴 법한데
뭐가 그리도 급합니까
하필 나입니까
하늘 구겨 항명抗命할 법도 한데
나약하거나 비열하게 물러서지 아니하고
대열에서 이탈하지 아니하고
당당히 제자리 지켜내는 순하고 여린 눈
흙에서 나와 흙으로 돌아가는
순종의 거룩하고 숭고한 사람들

　　　　　　　　　　　－「순명順命」 전문

죽음을 목전에 둔 사람에게 "그리도 먹고 싶고/ 그리도 보고 싶고 하고 싶은 말들"보다 이제 간절한 것은 "마지막 목숨/ 거죽에 남아 있는 한 점 살과/ 서서히 식어가는 핏방울" 거푸집마저 비우고 태우며 "비우고 태워서" 아무것도 남김없이 가는 것 아닐까? "한스럽다, 원망스럽다 한번쯤/ 하늘에 맨주먹이라도 날릴 법한데/ 뭐가 그리도 급합니까/ 하필 나입니까/ 하늘 구걸 항명抗命할 법도 한데/ 나약하거나 비열하게 물러서지 아니하고/ 대열에서 이탈하지 아니하고/ 당당히 제자리 지켜내는 순하고 여린 눈/ 흙에서 나와 흙으로 돌아가는" 마지막 순간 본다. 물론 그러하지 못하고 원망과 저주의 몸부림을 남기고 가는 이도 없지 않을 것이다. 이 시편은 모든 이가 그러하듯이 언젠가는 맞이할 자신의 마지막이 그러하기를 소망하는 모습일지도 모른다. 제목이 말해주듯 순명順命의 모습이다. "흙에서 나와 흙으로 돌아가는", 그야말로 신이 정해놓은 그 길을 따르는 순종과 순명의 아름다운 모습을 그리고 있다.

아직은 7부 능선, 가야 할 길이 멀다. 그러나 "하루해가 한 뼘씩 서둘러 넘어간다."(「낡아 간다는 것」) "잘 달리던 차가 삐걱거리는 것"처럼 "겨운 하루가/ 나사 풀리듯 느슨해지고 헐거워진다." 그러나 시인은 지금, 이 순간을 "그리운 것은 그리움으로 남는 시간"이라고 명명한다. 못 견디도록 슬프거나 원망스럽지 아니하고 다만 그리운 것이 그리움으로 남는 시간이다. 여여한 마음으로 석양을 바라볼 줄 아는 원숙하게 숙성된 노년의 시간이다. "날근날근 빛바랜 청바지/ 찬찬히 얇아지고 낡아"가듯, "소리 없이, 흔적 없이 낡아가는 것/ 받아들이고 맞이해야 할 일이다/ 젊은 태양이 노을로 저물어 가고 /소리 없이 바다 속으로 잠기어 가듯" 그렇게 낡아가고 싶은 소망이다. 시인의 소망이고 우리 모두의 소망이기도 하다. 참 조촐하고 소박하고 맑다.

4. 7부 능선에서 꾸는 시인의 꿈

생애의 7부 능선을 넘어서는 시인은 겸허한 자세로 지난 삶을 돌아본다. 거기에는 후회와 아픔과 그리움의 회한이 서려있다. 그러나 그것을 탓하거나 미화하거나 합리화하는 태도를 취하는 대신 마치 알껍질을 깨고 날아오르는 아프락사스처럼 스스로의 영혼을 추스르고 고양하는 에너지로 삼는다. 자신의 영혼을 추스르는 데에서 나아가 고통 받는 약자들의 삶을 위무하고 연민하는 대승적 세계관을 펼쳐 보이기도 한다. 시인은 생애의 마지막 순간까지 최선을 다하여 살아가되 신이 그려놓은 길을 따라 신이 부르는 목소리를 좇아 순종하겠다는 순명順命을 꿈꾼다. 7부 능선에서 꿈꾸는 시인의 꿈이 참 아름답다.

김영진 시집

바람이 될지니

인쇄 2025년 10월 10일
발행 2025년 10월 15일

지은이 김영진
발행인 서정환
펴낸곳 신아출판사
주소 전북 전주시 완산구 공북1길 16(대평동 251-30)
전화 (063) 275-4000
팩스 (063) 274-3131
이메일 sina321@hanmail.net
출판등록 제465-1984-000004호
인쇄·제본 신아문예사

저작권자 ⓒ 2025, 김영진
이 책의 저작권은 저자에게 있습니다. 서면에 의한 저자의 허락없이 내용의
일부를 인용하거나 발췌하는 것을 금합니다.
COPYRIGHT ⓒ 2025, by Kim Yeongjin
All right reserved including the rights of reproduction in whole or in part in any form.
저자와 협의, 인지는 생략합니다.
잘못된 책은 바꿔 드립니다.

ISBN 979-11-24068-02-1 0310
값 15,000원

Printed in KOREA

*이 시집은 전북특별자치도 문화관광재단 '2025 문화예술육성지원사업'에 선정되어
보조금을 지원받아 제작되었습니다.